Louis Dussieux

Les artistes français à l'étranger

© 2024, Louis Dussieux (domaine public)
Édition : BoD · Books on Demand, 31 avenue Saint-Rémy,
57600 Forbach, bod@bod.fr
Impression : Libri Plureos GmbH, Friedensallee 273,
22763 Hamburg (Allemagne)
ISBN : 978-2-3224-7911-5
Dépôt légal : Janvier 2025

PROLÉGOMÈNES.

LE titre seul de cet essai indique la pensée deson auteur. Il s'agit de signaler les noms et les œuvres des artistes français qui ont travaillé à l'étranger, et de préparer ainsi les matériaux qui serviront à l'histoire de l'influence que nos artistes ont exercée à plusieurs époques sur l'art des divers peuples de l'Europe.

Habitués comme nous le sommes depuis si long-temps à entendre parler de l'influence de l'art italien sur l'art français, on s'étonnera peut-être d'entendre parler ici de l'influence et des travaux des artistes français en Europe; et cependant cette influence et ces travaux ont été et sont encore considérables.

On a traité de l'influence de la France quant à la politique, à la philosophie, au droit, à la littérature, aux sciences; pourquoi donc, dans l'histoire de l'influence morale que la France a exercée sur le monde, négligerait-on l'une de ses parties, fût-ce la moindre?

ÉPOQUE DU MOYEN-AGE.

Dès le moyen-âge et peut-être sur-tout au moyen-âge, l'art fançais exerça sur l'Europe une influence considérable. Les causes de cette influence sont nombreuses. On doit d'abord signaler la puissance et la grandeur de la France de Philippe-Auguste et de saint Louis et de toutes ces dynasties françaises qui gouvernaient une partie de l'Europe, Angleterre, Portugal, Castille, Naples, Constantinople, les principautés de la Grèce, la Hongrie, la Pologne, qui régnaient en Chypre, en Syrie, c'est-à-dire, sur presque tout le bassin de la Méditerranée, qui fut vraiment alors un lac français, et qui ont répandu dans tous ces pays les usages de la France. Il faut ensuite signaler la célébrité des grandes abbayes et des écoles de Cluny, de Clairvaux, de Prémontré, etc., où les étrangers venaient s'instruire dans les sciences sacrées et puiser le goût de l'art gothique: la célébrité de l'Université de Paris, école suprême de toute l'Europe, où affluaient de tous les pays des milliers d'étudiants qui remportaient ensuite chez eux la connaissance de notre littérature, de nos poèmes de chevalerie, si universellement répandus, et de notre langue qu'on appelait au temps de saint Louis la parleure commune à tous.

Le français, la langue d'oil, était en effet parlé dans toute l'Europe; au XIIIe siècle, les seigneurs allemands avaient autour d'eux gent française pour apprendre français leurs filles et leurs fils. Le Dante pensa d'abord à écrire sa Divine Comédie en français afin qu'elle fût plus universellement connue; il avait long-temps résidé à Paris ainsi que le célèbre peintre Giotto . Brunetto Latini écrivit en français son Trésor, encyclopédie du XIIIe siècle, parce que le français était, disait-il, la langue la plus répandue.

Les étrangers venus à l'Université de Paris y puisaient le goût du gothique, et entre autres faits curieux qui se rapportent à notre sujet, il faut parler de ces étudiants suédois qui envoient Etienne Bonneuil en Suède pour y construire la cathédrale d'Upsal et lui fournissent l'argent nécessaire à son voyage.

Qu'y a-t-il d'étonnant, d'impossible, lorsque la langue française était si universellement acceptée, que l'architecture française l'ait été pareillement?

Sans vouloir écrire ici l'histoire de l'architecture gothique, il est cependant nécessaire de faire connaître les résultats des travaux les meilleurs et les plus récents qui aient été faits sur ce point d'archéologie.

Il est parfaitement certain aujourd'hui que l'architecture gothique a pris naissance en France, dans l'ancienne Neustrie , qu'elle y a acquis son développement, et que de la France elle s'est répandue dans les pays voisins . En effet, l'art gothique procède de l'art roman; or, certains monuments de la France, de la Picardie, de la Champagne, présentent la transition entre les deux styles; on y remarque un mélange, une fusion des deux systèmes, tandis que partout ailleurs, au contraire, il y a une brusque substitution d'un style à l'autre. A coup sûr, il ne faudrait pas d'autres preuves de l'origine française, de la naissance en France de l'architecture gothique ou ogivale; eh bien! ces monuments de transition de la France du nord sont les plus anciens monuments à ogive, ce sont les plus incontestablement déterminés, et leurs dates indiquent qu'ils sont tous antérieurs à tous les autres monuments de style ogival construits dans les autres pays de l'Europe.

Le portail de Saint-Denis est de 1140; celui de Chartres est de 1145; le chœur de Saint-Germain-des-Prés est de 1163, et celui de Notre-Dame de Paris, de 1182. Hors de France, aux mêmes dates, on chercherait en vain des monuments aussi avancés. C'est seulement en France que règne sans partage l'art ogival primitif, et c'est là qu'ont été construits les plus anciens et les plus beaux monuments gothiques, tels que les cathédrales de Soissons, de Laon, de Noyon, de Sens, de Reims, d'Amiens, de Paris, de Chartres, etc., modèles du genre, qui ont été imités dans tout le reste de la France et de l'Europe. Les savants anglais et allemands les plus estimables reconnaissent eux-mêmes que l'architecture gothique est d'origine française.

Les plus anciens monuments gothiques de l'Angleterre, de l'Espagne, de l'Italie, de la Suède, ont été bâtis par des Français dont nous donnerons plus loin les noms. Il est démontré aujourd'hui que les monuments gothiques de l'Allemagne, d'ailleurs si peu nombreux, bien loin d'avoir servi de type à ceux de la France, sont d'une époque postérieure à ceux-ci, ont été copiés sur eux ou ont été bâtis par des architectes français. Nous donnons plus loin, à propos de la cathédrale de Cologne, les pièces du procès que M. de Verneilh a gagné contre M. Boisserée; nous ne voulons pas ici redonner ces détails; il nous suffit de dire que, parmi les preuves de l'origine allemande de l'architecture gothique, on a longtemps reproduit celle-ci; on trouvait, disait-on, à Notre-Dame-de-l'Epine (en Champagne) une inscription ainsi conçue:

Guichart Anthonis. Col. Sacer Nor. Actee.

et l'on en tirait la conséquence qu'un prêtre de Cologne, Coloniensis Sacerdos, avait construit cette église, et, en outre, que le dôme de Cologne était le type du gothique. Il a été démontré depuis que l'inscription latine est une inscription en patois champenois ainsi conçue:

Guichart Anthoine tos catre nos at fet

et s'applique aux quatre piliers du rond-point de l'église que ce maçon champenois réédifia tous les quatre au XVe siècle.

En même temps que la France créait l'architecture gothique, elle donnait un développement prodigieux à la sculpture monumentale, à la sculpture en bois, à la peinture sur verre, à la peinture sur émail, à l'art de la tapisserie et à l'art musical.

Ce grand mouvement artistique, la splendeur de toutes ces créations, expliquent très bien l'influence que l'art français exerça en Europe au moyen-âge; voici quelques détails qui compléteront l'histoire de cette influence.

«En 1025, il existait à Poitiers une manufacture célèbre de tapisseries historiées à laquelle les prélats de l'Italie adressaient eux-mêmes des demandes. Le tissu de ces tentures offrait des figures d'animaux, des portraits de rois et d'empereurs, des sujets puisés dans les histoires saintes .» Nos tapisseries françaises d'Arras, de Reims, de Beauvais et de Paris devinrent si célèbres, si recherchées et si connues, que les Italiens employèrent dès le XIVe siècle et emploient encore le mot Arrazi pour désigner de belles tapisseries.

Les émaux de Limoges, qu'on s'est obstiné si long-temps à regarder comme byzantins, étaient, dès le XIIe siècle, recherchés dans toute l'Europe. Vers le milieu du XIIIe siècle, un émailleur français fut chargé de faire, à Limoges, une tombe émaillée pour un évêque de Rochester; Jean de Limoges accompagna son œuvre en Angleterre pour en diriger la pose. Ce monument n'existe plus; mais l'église abbatiale de Westminster en conserve un du même genre, de fabrication française, et qui représente un comte de Pembroke .

Les miniatures de l'école de Paris étaient célèbres. L'art de l'enluminure y avait pris un tel développement, que les étrangers venaient s'y instruire. Le fait est certain pour le Portugal ; M. de Santarem a clairement établi que les miniaturistes portugais s'étaient formés à l'école parisienne. Rien de plus important que ces peintures qui forment de véritables musées, dont les décorations sont si variées, si élégantes, et d'un coloris si frais.

LA RENAISSANCE.

On sait que le mouvement intellectuel désigné sous le nom de Renaissance a modifié bien plus que l'architecture gothique, et que cette révolution a changé la société du moyen-âge tout entière. Un mouvement général dans les esprits les portait à sortir de l'état où ils se trouvaient: les formes politiques, la féodalité, les idées religieuses, l'art, les lettres, les sciences, tout se renouvela sous l'influence des idées nouvelles.

Vue en grand, la Renaissance est une protestation contre le Moyen-Age; l'art de la Renaissance, en particulier, est une protestation contre l'art gothique.

Le génie de Léonard de Vinci, de Michel-Ange, de Raphaël, donna à l'art italien un si brillant développement, qu'il se plaça dans l'opinion des contemporains au-dessus de tout ce qui l'avait précédé. L'Europe, avide de nouveauté, voulait un art nouveau. Elle adopta l'art italien; elle s'enthousiasma pour l'antiquité grecque et romaine, admira et adopta ses types, ses formes, et répudia ceux du moyen-âge. La France suivit le mouvement.

Ainsi ce n'est pas par un simple caprice, par mode, que la France du XVIe siècle adopta l'art italien; ce n'est pas non plus parce qu'elle manquait d'artistes qu'elle fit venir des artistes italiens. L'adoption de l'art italien est due à des causes plus élevées.

La révolution artistique ne se fit pas brusquement; le gothique se modifia, mais persista pendant quelque temps encore (sous Charles VIII et Louis XII). Ces premières modifications du gothique par le goût italien constituent une renaissance française très remarquable, quoique négligée ou confondue avec la suivante. Puis, sous François Ier, le gothique disparaît, la renaissance française elle-même est remplacée par un art absolument antique et italien dans ses formes, dans ses types, dans sa décoration.

Quel est le rôle, quelles sont les œuvres, quelle est l'influence des artistes italiens venus en France? Sur chacune de ces questions, il y a à réfuter un grand nombre d'erreurs, de préjugés, qui étaient il y a quelques années encore très accrédités.

En général, l'influence des Italiens venus en France ou des maîtres que nos artistes allaient étudier en Italie, en général cette influence a été immense, si grande, qu'elle a profondément modifié notre génie national à une certaine époque. Je constate le fait, je ne le juge pas.

En général on a, pendant un temps où l'on méprisait radicalement tout ce qui était antérieur au XVI.e siècle, temps qui n'est pas encore expiré pour quelques personnes, on a, dis-je, étrangement défiguré, faussé, altéré notre histoire sur le fait des artistes et des monuments. Cette altération de la vérité provient de l'ignorance des faits, d'un engouement irréfléchi pour les artistes italiens, et d'une croyance aveugle à des traditions sans valeur et démenties toutes, les unes après les autres, par l'étude des textes les plus authentiques.

On a attribué ainsi à des Italiens des œuvres dues à des Français; par exemple: on a donné à Giocondo le château de Gaillon, type de la renaissance française, œuvre de Pierre Valence et de Jean Juste; on a attribué à Vignole, le château de Chambord, œuvre de Pierre Nepveu dit Trinqueau; on a attribué à Paul Ponce Trebatti le tombeau de Louis XII, dû au ciseau de Jean Juste et de Pierre Bontemps; on a attribué à Paul Ponce Trebatti la statue de l'amiral Ph. de Chabot, œuvre de J. Cousin; on a attribué à ce même Paul Ponce les admirables bas-reliefs du tombeau de François I.er, sculptés par Pierre Bontemps; on a déclaré dans cette manie aveugle, que Jean de Vitry, qui a sculpté les ciéges ou stalles de Saint-Pierre à Saint-Claude (Jura), en 1465, était un artiste italien de 1565. Jean Juste a passé long-temps pour un artiste italien, bien qu'on sût qu'il s'appelait «Johannes, cognomine Justus et Florentinus.»

Partout l'étude attentive des actes, des comptes, des manuscrits, démontre que la plus grande partie des œuvres que des traditions sans autorité attribuaient à des Italiens étaient dues au contraire à des artistes français. L'étude attentive du château de Fontainebleau, centre principal des artistes italiens sous François Ier, l'étude sérieuse des actes et des documents a encore réduit sur ce point ce que l'on attribuait aux étrangers pour les constructions comme pour les peintures de ce palais.

Peu d'œuvres et grande influence: c'est ainsi que je résume ce qui est relatif au rôle des Italiens en France.

Je dois actuellement juger cette influence exercée par l'art italien sur l'école française. Je n'hésite pas à la regarder comme détestable. Notre originalité, tous les caractères de notre école, toutes ses qualités, tout a été détruit. L'exagération a, sur ce point comme sur tant d'autres, tout gâté en outrepassant le but. Il est à regretter que la France n'en soit pas restée à la renaissance française. J'oserais à peine me prononcer aussi nettement sur ce fait, si je ne pouvais appuyer mon opinion sur les autorités les plus compétentes. Je n'en citerai qu'une, Emeric David.

«Ce serait une question neuve et bien digne d'examen, dit-il, que celle de savoir si les artistes italiens employés par François 1.er à Fontainebleau, si les Rosso, les Primatrice, les Cellini, dont le dessin systématique se ressentait déjà des erreurs qui, de leur temps, commençaient à entraîner l'Italie vers sa décadence, si ces maîtres, dis-je, n'ont pas égaré notre école au lieu d'améliorer ses principes, en l'induisant à abandonner sa manière simple et franche pour y substituer le style de convention qu'ils avaient eux-mêmes mis à la place de la grâce naturelle de Raphaël. Quant à moi, je crois qu'il est résulté de cette révolution un mal réel pour la France.

Quoi qu'il en soit, pendant la Renaissance, nos artistes étaient accueillis par les étrangers, par les Italiens mêmes avec empressement; on leur confiait l'exécution d'œuvres importantes qui prouvent que notre école n'avait rien perdu de sa supériorité.

Ainsi, pendant le XVI.ᵉ siècle, nous trouvons Louis de Foix, employé par Philippe II à la construction de l'Escurial; Coldoré gravant le portrait d'Elisabeth, reine d'Angleterre; nos verriers travaillant en Espagne, en Italie; Jacques d'Angoulême luttant contre Michel-Ange, et remportant le prix sur lui au jugement des Italiens; Richard Taurigny, Richier, Jean de Bologne, Pierre de Franqueville, Nicolas Cordier Lorrain, travaillant en Italie et y faisant de nombreux ouvrages. Nos musiciens créaient à cette époque l'école de musique italienne. Claude Goudimel est le plus illustre de ces artistes, il a eu pour élèves Palestrina, Nanini. A cette époque, tous les maîtres de chapelle de l'Italie étaient Français; lorsque le Pape envoie, en 1545, des chanteurs apostoliques au concile de Trente, pour donner leur avis sur ce qui concernait le chant et la musique d'église, tous ces chanteurs sont Français. Nos peintres mêmes, Fréminet, Jacques Blanchard, étaient, à la fin du XVI.ᵉ siècle, recherchés et employés par les princes italiens.

Il est donc évident qu'au moment même où l'école française subissait l'influence de l'Italie, nos artistes trouvaient encore le moyen, par leur génie et les grandes qualités non encore anéanties de notre école, de briller en Italie même. L'un d'eux, Jacques d'Angoulême, eut même l'honneur de se montrer supérieur au plus grand génie de l'Italie. Malheureusement, ni les œuvres ni la vie de ce grand artiste ne sont connues; l'indifférence de la France l'a laissé dans un profond oubli. Que n'était-il Italien?

LOUIS XIV ET LOUIS XV,

Je n'ai pas à faire ici l'histoire ni à examiner la valeur esthétique de l'école française aux temps de Louis XIV et de Louis XV ; j'ai seulement à constater l'acceptation universelle de ses principes, de son goût et de ses artistes.

L'influence de la France de Louis XIV, influence continuée au XVIIIe siècle, est tellement considérable, qu'il est essentiel de l'établir d'abord par le témoignage des contemporains. Je citerai Leibnitz pour le XVIIe siècle, et Fréderic-le-Frand pour le XVIIIe.

«Après la paix de Munster et celle des Pyrénées, dit Leibnitz, la puissance et la langue française l'emportèrent. La France se vantait d'être le siége de toute l'élégance ; nos jeunes gens, sur-tout notre jeune noblesse, qui n'avaient jamais connu leur patrie et admiraient tout chez les Français, non contents de la rendre méprisable auprès des étrangers, les aidaient à la décrier, et prenaient du dégoût pour leur langue et pour leurs propres mœurs qu'ils ignoraient ; ils eurent bien de la peine à déposer cette aversion après être parvenus à l'âge de maturité et de jugement. Plusieurs de ces jeunes gens..... étant parvenus ensuite aux dignités et aux emplois, gouvernèrent l'Allemagne pendant un assez long espace d'années, et s'ils ne la rendirent pas tributaire de la puissance française, il ne s'en fallut pas de beaucoup, et ils la soumirent du moins presque entièrement à la langue et aux modes de cette nation.»

«L'Europe, dit Frédéric-le-Grand, enthousiasmée du caractère de grandeur que Louis XIV imprimait à toutes ses actions, de la politesse qui régnait à sa cour et des grands hommes qui illustraient son règne, voulait imiter la France qu'elle admirait ; toute l'Allemagne y voyageait ; un jeune homme passait pour un imbécile s'il n'avait séjourné quelque temps à la cour de Versailles ; le goût des Français régla nos cuisines, nos meubles, nos habillements et toutes ces bagatelles sur lesquelles la tyrannie de la mode exerce son empire ; cette passion, portée à l'excès, dégénéra en fureur. Les femmes, qui outrent souvent les choses, la poussèrent jusqu'à l'extravagance.»

Que si l'on recherche les causes de cette influence exercée aux XVII.ᵉ et XVIII.ᵉ siècles par la France, on les trouvera toutes dans la puissance et la gloire de Louis XIV, dans l'élégance et la délicatesse des mœurs de la cour de Versailles, dans l'éclat de notre littérature, dans le charme et la séduction de l'esprit et du goût français.

Nos ambassadeurs pendant la paix, nos officiers pendant la guerre, plusieurs princesses françaises mariées à des princes étrangers , répandirent en Europe les mœurs de la France. La révocation de l'édit de Nantes y contribua également. Pierre-le-Grand vint à Paris, ses sujets l'imitèrent, et la société russe se modela sur la société française. De partout on venait se maniérer à Paris et à Versailles, c'est-à-dire étudier notre esprit de société, les usages de la bonne compagnie, notre politesse et sur-tout notre art de la conversation.

La philosophie, les lettres, nos journaux littéraires, nos chansons, nos modes mêmes complétaient cette influence qui francisa l'Europe pour long-temps, jusqu'aux jours où la France, renonçant d'elle-même à cet empire, crut devoir adopter les mœurs anglaises.

Il était impossible que l'école française ne prît pas une large part dans cette influence générale de la France sur l'Europe. De grands artistes, auxquels Louis XIV fit faire de magnifiques travaux, illustrèrent le règne du grand roi et donnèrent à l'art français une illustration d'autant plus vive que les écoles voisines étaient tombées plus bas. Tout en ayant perdu sous, Louis XV, quelques-unes des qualités du siècle de Louis XIV, la grandeur majestueuse, la sévérité, l'école française brilla par la grâce et l'esprit.

Les étrangers trouvaient ravissante cette peinture française, vive, spirituelle, élégante, d'un coloris naturel, d'un dessin correct et gracieux, reproduisant les caractères de la beauté française; et, bien qu'il ait été un instant de mode de proscrire en masse et sans distinction tous les maîtres de l'école de Louis XV, la France et l'Europe entière du XVIII.ᵉ siècle, et beaucoup de personnes aujourd'hui, ont porté un tout autre jugement sur cette école.

Nos peintres, nos sculpteurs étaient partout, aux XVII.ᵉ et XVIII.ᵉ siècles, admirés, appelés et employés. Plusieurs ont exercé une influence considérable; tout le monde sait que le Poussin a relevé l'école italienne qui était en pleine décadence.

Tous les souverains de l'Europe, au XVIII.ᵉ siècle, eurent pour premiers peintres, pour premiers sculpteurs, pour premiers architectes des artistes français. Toutes les académies de peinture, de sculpture et d'architecture fondées au XVIII.ᵉ siècle ont été créées et dirigées par des Français; nous pouvons citer celles de Vienne, de Berlin, de Dresde, de Copenhague, de Madrid, de Saint-Pétersbourg. Les souverains étrangers envoyaient des pensionnaires étudier à Paris. Comme on le verra dans la suite de ces recherches, le nombre des œuvres d'art faites par nos artistes à l'étranger est extrêmement considérable et la plupart sont des ouvrages de premier ordre.

Etre reçu membre de l'Académie de Peinture et de Sculpture de Paris, était l'honneur le plus ambitionné par les artistes étrangers.

L'établissement des expositions publiques qui ne devinrent régulières que sous Louis XV, exerça une action considérable; en effet «c'est aux expositions publiques, dit un contemporain, que les ambassadeurs apprécient nos artistes et de là portent leur réputation à l'étranger.»

Si nous passons à l'architecture, nous trouverons d'abord que les grands bâtiments de Louis XIV furent des modèles que l'on s'empressa de copier ou d'imiter partout, ainsi que les jardins de Le Nôtre. A Stuttgard, à Rastadt, à Manheim, à Nymphenbourg, à la Granja, à Peterhof, on fit des imitations de Versailles, de son château et de ses jardins. Le Nôtre alla lui-même, en 1678, dessiner les plus beaux jardins de Rome pour le pape Innocent XI.

Après avoir imité, au XVIIe siècle, l'architecture française dans ses palais et dans ses jardins royaux, l'Europe, au XVIIIe siècle, l'imita dans son architecture civile. Contant, Cartaud, de Cotte, Boffrand et quelques autres, avaient modifié complètement les distributions et la décoration des intérieurs des hôtels et des maisons; ils s'étaient efforcés de rendre les habitations commodes, comfortables comme l'on dirait aujourd'hui; ils n'employaient que les décorations les plus légères, les boiseries sculptées et dorées, et les glaces. Les étrangers accueillirent avec empressement notre nouveau système d'architecture. Voici ce que disait sur ce sujet, en 1765, un architecte qui est en même temps un écrivain distingué:

«Les étrangers sont dans la plus grande admiration en voyant nos hôtels modernes, distribués avec tant d'intelligence, décorés avec tant d'agréments, et meublés avec tant de goût et d'élégance. Toutes ces inventions heureuses valurent la réputation la plus brillante à l'architecture française. La plupart des souverains, pour en profiter, se sont empressés d'attirer dans leurs Etats des architectes de notre nation. Parcourez la Russie, la Prusse, le Danemark, le Wurtemberg, le Palatinat, la Bavière, l'Espagne, le Portugal et l'Italie, vous trouverez partout des architectes français qui occupent les premières places, indépendamment de nos peintres et de nos sculpteurs. Paris est à l'Europe ce qu'était la Grèce lorsque les arts y triomphaient: il fournit des artistes à tout le reste du monde.»

La gravure française, qui atteignit sous Louis XIV un si haut degré de perfection, servit de modèle à toutes les autres nations. L'école anglaise dérive en entier de l'école française; elle a été fondée par des graveurs français appelés en Angleterre; les grands graveurs anglais du XVIII.ᵉ siècle sont tous élèves de la France; c'est à Paris qu'ils sont venus apprendre les principes de l'art. La galerie de Dresde a été presque tout entière gravée à Paris. C'est par des graveurs de Paris que l'empereur de la Chine fit graver les seize estampes connues sous le nom de Batailles de la Chine.

Rameau a fait faire à l'art musical de très grands progrès et a exercé une influence qu'on est trop disposé à oublier aujourd'hui. C'est en 1722 que ce grand compositeur publia son Traité d'Harmonie, ouvrage qui créa la science de l'harmonie . «Grimm dont la mauvaise foi égale l'ignorance des faits, assure que les écoles d'Italie et d'Allemagne n'ont jamais entendu parler des livres de Rameau concernant l'harmonie . Or, il est précisément démontré, dit M. Fétis , que ces ouvrages ont fait naître les premières idées de théorie d'harmonie en Allemagne et en Italie, comme ils donnèrent naissance à des multitudes de Systèmes chez les Français. La seule pensée de la possibilité d'une théorie scientifique de l'harmonie fut un trait de génie qui remua le monde musical, et qui même encore aujourd'hui exerce son influence: Le Traité de l'Harmonie a été l'origine du Tentamen d'Euler et du système de Tartini. Ce fut le système de la basse fondamentale que Marpurg introduisit en Allemagne dans son Manuel de la Basse continue, et dans la traduction des Eléments de Musique de d'Alembert.

«Sorge, bien qu'il eût fait choix d'un autre principe, se rallia à l'idée suivie par Rameau de la nécessité d'une base scientifique pour la théorie des accords. Martini, dès 1757, discutait, dans le premier volume de son Histoire générale de la Musique, les opinions de Rameau... Enfin, la formation des accords dissonants par des additions de tierces, et l'extension du principe du renversement des accords, ont été les sources du système de Valotti et de Sabbatini.»

Kirnberger, élève de Sébastien Bach, compositeur théoricien allemand, a, dit la Biographie universelle, simplifié et réduit le système des accords de Rameau. La simplicité de sa méthode l'a fait adopter généralement en Allemagne. Le livre de Kirnberger a exercé depuis 1754 une grande influence en Allemagne, et je tiens à bien établir que Rameau est pour beaucoup dans ce grand mouvement harmonique que Haydn, Mozart et Beethoven devaient mener si loin.

Non seulement Rameau exerça une grande influence sur la composition musicale par ses Traités d'Harmonie, mais encore par ses œuvres, dont le style fut un modèle pour plus d'un grand maître étranger. Les symphonies, les airs de danse, les opéras de Rameau se jouaient sur tous les théâtres étrangers.

Plusieurs compositeurs allemands imitèrent Rameau; Jean-Bernard Bach, mort en 1749, a composé, dit M. Fétis, de bonnes ouvertures dans le style français de son temps. On pourrait multiplier de pareilles indications.

Nos opéras-comiques du XVIIIe siècle étaient partout représentés; partout on entendait avec plaisir cette musique spirituelle et mélodique, où l'esprit français se révèle tout entier, et nulle part on ne parvenait à l'imiter. Il en était de même de nos opéras-ballets, de nos décors d'opéras.

Les industries qui emploient les arts du dessin avaient autant de célébrité et d'influence que les arts eux-mêmes.

Charles-André Boule donna à notre ébénisterie des formes gracieuses; il l'orna de bronzes élégants et de riches mosaïques. Boule a travaillé pour presque tous les souverains de l'Europe.

Les orfèvres, qui ne sont en réalité que des sculpteurs en métaux précieux, étaient aussi célèbres que nos autres artistes, soit par le bon goût de leurs œuvres, soit par les importants perfectionnements apportés à la partie matérielle de leur art. Claude Ballin 2, orfèvre de Louis XV, a sur-tout travaillé pour l'étranger; les cours de Portugal, d'Espagne, d'Italie, de Saxe, de Bavière, de Russie, le prince Eugène à Vienne, le Grand Turc lui-même possédaient des œuvres importantes de Ballin. Toutes les tables des souverains de l'Europe étaient ornées des chefs-d'œuvre de Pierre Germain et de Thomas Germain.

La serrurerie, véritable sculpture en fer, avait autant de réputation que l'orfèvrerie. Destriches de Paris, sous Louis XV, exécutait pour le Portugal des grilles dont les contemporains vantent l'élégance.

Les porcelaines de Sèvres, modelées sur les dessins de Falconnet, peintes par Boucher ou par Bachelier, ont eu une réputation méritée qu'elles ont conservée jusqu'à nous. Tout le monde recherche encore le vieux Sèvres.

Les tapisseries des Gobelins, de Beauvais, de la Savonnerie, d'Aubusson, exécutées sur les cartons des peintres les plus renommés, étaient des modèles pour toute l'Europe. Les riches étoffes de Lyon, exécutées d'après les dessins de Revel et de Philippe de Lasalle (né en 1723, mort en 1804), ont fait l'ornement des palais de tous les souverains de l'Europe.

L'art du fondeur avait reçu de tels perfectionnements par les procédés de Gor, commissaire des fontes de l'Arsenal, qu'on imita partout ses procédés, et qu'on l'appela à Copenhague pour couler la statue de Frédéric V, modelée par Saly.

2

ÉCOLE DE DAVID.

L'art français exerçait dans toutes ses parties une influence incontestée en Europe, lorsqu'une révolution artistique s'accomplit dans notre école et en modifia tous les caractères. On sait quelles sont les causes et le caractère de la révolution que commença Vien et que David accomplit. Loin de diminuer, l'influence de l'école française sur l'Europe s'augmenta. Partout David devint le maître dont on suivait les leçons et les exemples; peinture, sculpture, gravure, arts industriels, modes, tout subit l'influence du réformateur, et l'Europe, s'accommodant au goût de notre école, en suivit l'impulsion.

En architecture, Percier exerça le même empire que David sur les arts du dessin; tout ce qu'il y a maintenant d'habiles architectes en Europe, dit son biographe, est sorti de l'école de Percier.

Ainsi rien ne fut changé dans l'influence que l'école française exerçait sur l'Europe depuis le milieu du XVII.ᵉ siècle.

CHAPITRE I.

ALLEMAGNE.

EMPIRE D'AUTRICHE.

ROYAUME DE BOHÊME.

Les relations d'amitié qui existèrent entre la France et la Bohême, au XIV.$^\text{e}$ siècle, furent assez longues et expliquent l'arrivée dans ce pays de plusieurs artistes français.

En 1348, MATHIEU D'ARRAS, commença l'église de Saint-Gilles, à Prague, en style gothique; son successeur, qui termina cette église, fut PIERRE DE BOULOGNE . — GUILLAUME DE MACHAU, poète et musicien célèbre, né en 1284 en Champagne et mort en 1369, fut, en 1316, pris pour secrétaire par Jean de Luxembourg, roi de Bohême; il resta 30 ans en Bohême et revint en France avec Jean de Luxembourg, qui se fit tuer si chevaleresquement à Crécy. Guillaume a composé un grand nombre d'œuvres musicales à plusieurs voix.

AUTRICHE.

Je ne crois pas qu'aucun artiste français ait travaillé en Autriche avant l'époque du prince Eugène; c'est ce prince français qui commença à protéger les arts à Vienne et à faire venir des artistes de France et d'Italie. En 1711, le prince appela LOUIS DORIGNY à Vienne pour décorer son palais ; Dorigny, élève de Le Brun, était établi en Italie où ses travaux lui avaient acquis une célébrité méritée, lorsqu'il fut appelé par Eugène; il employa treize mois à décorer son palais; il représenta l'histoire d'Icare au plafond du grand escalier; il peignit le plafond des deux chambres suivantes, ainsi que le plafond de la grande galerie, représentant l'enlèvement d'Orythie par Borée. On lui doit encore le Conseil des Dieux, magnifique peinture exécutée à la salle de la Chancellerie de Bohême. Dorigny a peint aussi à Prague un plafond dont le sujet est Junon dans son char suivie de ses nymphes.

PARROCEL , neveu et élève de Joseph Parrocel, fut aussi employé par le prince Eugène. Il a peint dans la grande salle du palais la plupart des tableaux qui représentent les actions militaires de ce prince. Mariette l'a vu à Vienne en 1719. Parrocel est mort en Allemagne après avoir peint divers tableaux de batailles à Rome et aux Pays-Bas Autrichiens, en 1722.

Académie de Peinture et de Sculpture de Vienne. — En 1704, l'empereur Léopold fonda l'Académie de Vienne, dont le premier directeur fut le baron Pierre de Strudel, peintre habile . Son successeur, réorganisateur de l'Académie et que l'on doit regarder comme le vrai fondateur de cette institution, fut JACQUES VAN SCHUPPEN peintre d'histoire, né à Paris en 1669, élève de Largillière et membre de l'Académie de Paris. En 1716, Van Schuppen alla à Vienne, appelé par l'empereur Charles VI , et en 1726, le 20 avril, il fut nommé par décret de l'empereur d'Allemagne, premier peintre de S. M. I. et directeur de l'Académie aulique de Peinture et Sculpture . Janneck cite parmi les œuvres de Van Schuppen, le tableau d'autel de l'église de Saint-Charles-Borromée, représentant saint Luc faisant le portrait de la Vierge. Van Schuppen mourut à Vienne en 1751.

Parmi les artistes français qui ont travaillé à Vienne, nous avons encore à mentionner TARDIEU (J.-B. PIERRE), qui grava pour l'impératrice Marie-Thérèse la Carte des Pays-Bas en 53 feuilles grand-aigle.

MONOT, qui exposa, en 1785, le modèle d'un jeune Amour lançant des traits, qu'il devait sculpter pour le comte de Metternich, plénipotentiaire de l'empereur.

Madame LEBRUN resta à Vienne de 1793 à 1795. Elle y fit trente-un portraits et vingt-quatre pastels. Les personnes qu'elle peignit étaient en général des émigrés et des étrangers; nous citerons la princesse Esterhazy et la princesse Lichtenstein parmi les personnages autrichiens dont elle fit les portraits.

ISABEY fit, en 1811 un voyage à Vienne. L'empereur François l'accueillit avec une bienveillance toute particulière, le logea au palais impérial, dans l'appartement même du prince Charles; il le conduisait lui-même en voiture. Isabey fit le portrait de tous les membres de la nombreuse famille impériale, du grand-duc de Wurtzbourg, de l'archiduc Palatin, frère de l'empereur, du roi de Rome, de l'empereur François II, de l'impératrice Béatrix, du prince Charles, de l'archiduc Jean, de l'évêque Rodolphe, des sœurs de Marie-Louise. Isabey fit aussi les portraits des principaux personnages de la cour, du prince Metternich, du prince et de la princesse Esterhazy, du prince Schwartzemberg, du prince de Ligne, du prince Rasoumofski. En 1815, Isabey alla une seconde fois à Vienne; ce fut alors qu'il y fit le célèbre tableau à portraits du Congrès de Vienne. (Voy. Angleterre.)

GÉRARD a fait, en 1805, le portrait de la princesse de Gyarac, née Esterhazy, et en 1814, celui de Charles-Philippe, prince de Schwartzemberg.

PRUSSE.

L'origine de la puissance de la Prusse remonte à l'époque de la révocation de l'édit de Nantes (1685). Une des causes les plus considérables du développement de cette puissance fut en effet l'établissement à Berlin et dans le Brandebourg de plusieurs milliers de protestants français.

Dès cette époque, un certain nombre d'artistes français travaillèrent à Berlin; mais c'est sur-tout pendant le règne de Frédéric-le-Grand, admirateur passionné de nos arts et de notre goût, que les artistes français, appelés par Voltaire et le marquis d'Argens , exécutèrent à Berlin cette grande quantité d'œuvres que nous allons énumérer.

Le premier ouvrage français fait en Prusse est le jardin du château d'Orianenbourg , qui fut tracé d'après les dessins de Le Nôtre .

J.-B. BRÆBES, Français, disciple de Jean Marot pour la gravure et l'architecture, entra en 1690 au service de l'électeur comme capitaine-ingénieur. Il a publié un grand ouvrage intitulé : «Vues des Palais et Maisons de plaisance de S. M. le Roi de Prusse, dessinées et gravées par Bræbes, ing. et arch. de S. M. Cet ouvrage a été publié à Augsbourg en 1733, 47 f. — Bræbes fut appelé en 1720 à Barby pour la construction du château de cette ville; il y est mort quelques années après . — SIMON BOULARD, peintre, avait été moine bénédictin en France, et s'était appliqué en même temps à la peinture. Il embrassa le protestantisme en Suisse, et vint à Berlin en 1699. Il n'avait guère d'invention, et ses tableaux d'histoire sont presque tous faits d'après des estampes . — JEAN DE BOTT, né en France de parents protestants en 1670, émigra après la révocation de l'édit de Nantes, alla d'abord en Hollande, puis en

Angleterre, et se fixa en Prusse vers 1700. Il continua l'Arsenal de Berlin, commencé en 1695 par Grünberg et Nehring, mais en changeant les plans de ces architectes; de sorte que l'Arsenal a été réellement élevé d'après ses idées. Jean de Bott a aussi construit la façade des nouvelles Arcades. A Potsdam, il a travaillé au château; il y a fait le beau portail avec coupole qui est du côté du marché. A Wesel, il a construit la porte de Berlin . Jean de Bott quitta la Prusse en 1728, et mourut à Dresde en 1745.

HULOT, sculpteur, vint à Berlin avec Jean de Bott; il a fait les quatre grandes statues des deux côtés de l'entrée de l'Arsenal, représentant: l'Arithmétique, la Géométrie, la Mécanique et la Pyrotechnie. Hulot travailla aussi à la porte de Berlin à Wesel. Il retourna ensuite en France, et fut employé aux travaux de Versailles . — RENÉ CHARPENTIER (né en 1675, mort en 1723 à Paris), sculpteur, vint aussi avec Bott à Berlin. Il a décoré plusieurs édifices élevés par cet architecte; entre autres œuvres, il a fait les trophées et ornements qui sont au portail du château de Potsdam, bâti par Bott. Charpentier retourna ensuite à Paris, où il fut reçu académicien en 1713 .

CAYART, colonel-ingénieur, avait servi sous Vauban et était ensuite entré au service de l'électeur. Il construisit, de 1701 à 1705, l'église française de Berlin sur le modèle du célèbre temple de Charenton, élevé en 1624 par Desbrosses, et démoli en 1685 . — VOLUMIER (J.-B.), compositeur, était, au commencement du XVIIIe siècle, maître de concerts et de ballets à Berlin. Il y a composé la musique de plusieurs ballets. En 1706, il fut engagé à la cour de Saxe comme maître de ballets et de concerts, et mourut à Dresde en 1738 .

ANTOINE PESNE, né à Paris en 1683, mort le 5 août 1757 à Berlin . Pesne fut élève de son père, Thomas Pesne , peintre de portraits, et de son oncle La-fosse, peintre d'histoire. En 1707. il fit le voyage d'Italie, alla d'abord à Rome, puis à Naples. Le désir d'étudier les grands coloristes de Venise le conduisit dans cette ville. Il s'y lia avec Celesti, très excellent peintre, des préceptes duquel il profita beaucoup. C'est à Venise que Pesne développa toutes ses grandes qualités de coloriste . En 1707, il peignit, à Venise, le baron de Kniphausen, qui. de retour à Berlin, montra au roi de Prusse son portrait; le roi appela aussitôt Pesne auprès de lui en qualité de peintre de la cour (1710) . Vers 1720, Pesne fut nommé premier peintre du roi de Prusse , et en 1720 même, il fut reçu membre de l'Académie de Paris.

Pendant le règne de Frédéric-Guillaume, Pesne n'a peint que des portraits qui, d'un avis unanime, sont d'une très grande beauté. Manyoki ne trouvait pas d'artiste supérieur à Pesne pour le portrait et l'entente du coloris .

D'Argens, en parlant du portrait du baron de Knobelsdorf, placé à côté d'un beau Rembrandt, dit que le tableau de Pesne efface le Rembrandt. «Il est vrai, ajoute-t-il, que les portraits de Pesne sont supérieurs à ses tableaux d'histoire: il y a dans ses portraits, j'ose le dire, une couleur plus vraie que dans ceux de Rigaud, une vigueur qui a manqué très souvent à ceux de Largillière, une noblesse qu'on ne trouve pas dans ceux de Rembrandt. On peut se convaincre de ce que je dis ici, en examinant attentivement la famille du baron d'Erlach: ce tableau, haut de dix pieds, large de douze, contient cinq personnes de grandeur naturelle. Le baron d'Erlach est peint droit en habit antique, tel que le portait autrefois le colonel des Suisses; sa femme est assise entourée de deux jeunes filles et d'un garçon. Le fond du tableau représente une chambre ornée de meubles précieux. Ce tableau rassemble tout à la fois les qualités d'un très beau tableau d'histoire et celles des plus excellents portraits. Un seigneur anglais voulait en donner 20,000 livres.» .

Parmi les portraits de Pesne, nous avons pu retrouver l'indication de ceux de Schmidt, premier graveur du roi et de sa femme, — du conseiller de guerre Michel, — du roi Frédéric-Guillaume armé de pied en cap, — de la reine son épouse, — de l'orfèvre Dinglinger et de sa femme, — de la danseuse Reggiana en Léda, — un autre portrait de cette danseuse, — de Pesne et de sa famille, — de madame d'Œrzen, — de mademoiselle Barbarina, — de mademoiselle de Platen, — de mademoiselle Cochois, — d'un peintre (sans autre indication), — d'une dame qui joue du clavecin et d'un jeune cavalier qui joue de la flûte, — une jeune bergère.

Pesne peignit plus tard un grand nombre de plafonds et de tableaux d'histoire. Les plafonds qu'il a exécutés sont d'un coloris frais et qui se ressent du bon goût de l'école vénitienne. A Charlottenbourg, il a représenté au plafond du grand salon le Festin des Dieux. Il a peint encore dans ce palais, au plafond de la salle à manger, Junon, Minerve et Vénus conduites à Paris par Mercure, — au plafond du grand escalier, Prométhée dérobant le feu du ciel, — au plafond d'une chambre, Apollon et les Muses, — aux plafonds de deux cabinets, l'Aurore; Vénus ordonnant à Cupidon de décocher une flèche, — au plafond de la bibliothèque, Minerve et la Poésie.

Pesne a fait encore le plafond du grand escalier de marbre à Potsdam, — un plafond au château de Reinsberg, — un autre à Sans-Souci, à la salle des Concerts.

Parmi les tableaux d'histoire de cet artiste on cite: une Suzanne au bain (à la galerie du palais de Berlin), — cinq grands tableaux sur des sujets de métamorphoses, dans le salon des concerts à Sans-Souci, — trois tableaux à l'église catholique de Potsdam, — une Femme masquée et à côté d'elle une vieille, à Charlottenbourg — le Christ à table avec les disciples d'Emmaüs, une Vestale, au palais du prince Henri, — l'histoire de Samson et Davila chez M. Falbe.

Pesne mourut, en 1757, avant d'avoir terminé l'Enlèvement d'Hélène qu'il faisait pour le roi de Prusse. RODE, son élève, fit les deux figures qu'il n'avait pu achever.

NICOLAS-BLAISE LESUEUR, né à Paris, mort en 1754, élève de J. B. Vanloo, peintre d'histoire et de paysage fort distingué, fut appelé à Berlin et nommé directeur de l'Académie de peinture.

JEAN LE GEAY, LEJAI ou LÉGER. Cet architecte a résidé à Berlin de 1754 à 1763; il fut architecte du roi de Prusse. Lejai a peu bâti, mais il a fait un grand nombre de dessins et de plans dont quelques-uns ont été suivis dans les édifices royaux construits à Potsdam par Frédéric; entre autres il a fait les plans, d'après les idées mêmes de Frédéric, et dirigé l'exécution des bâtiments du nouveau château près de Sans-Souci.

FRANÇOIS-GASPARD-BALTHAZAR ADAM (le cadet), né en 1710, mort à Paris en 1761, élève de ses frères, envoyé à Rome en 1742 comme pensionnaire du roi. Le roi de Prusse ayant eu besoin d'un sculpteur pour les ouvrages dont il voulait décorer ses palais de Potsdam et de Sans-Souci, le fit venir à Berlin vers 1748; il y resta jusqu'en 1761 qu'il revint à Paris. Adam a été premier sculpteur du roi de Prusse; il a fait une statue en marbre représentant un jeune homme couronné de lauriers qui tient un livre où on lit ces deux vers de Lucrèce:

> Te sociam studeo, scribundis versibus esse
> Quos ego de rerum natura pangere conor.

Une autre représentant une jeune femme nue, les yeux tournés vers le ciel (probablement Vénus Uranie); il y a à ses pieds une lyre, un globe céleste. — Vénus et Cupidon — Cléopâtre qui se fait mordre par un aspic — Jupiter et Junon, groupe — Cérès et Triptolème — Mars assis avec un loup (achevé par Sigisbert Michel), — Minerve irritée — Apollon qui tue le serpent Pithon — Diane sortant du bain — Vulcain et Vénus.

Tous ces ouvrages sont à Sans-Souci.

Adam a fait le buste du chancelier de Cocceji; il a commencé la statue du maréchal de Schwerin tué en 1757; cette statue a été terminée par Sigisbert Michel.

SIGISBERT MICHEL résida de 1764 à 1770 à Berlin où Frédéric l'avait appelé. Il a terminé le groupe de Mars et la statue du maréchal de Schwerin commencés par Adam; il a exécuté aussi la statue du chancelier de Cocceji.

AMÉDÉE VANLOO, né en 1718, fut peintre du roi de Prusse et résida à Berlin de 1751 à 1769. Nous connaissons parmi les œuvres de cet artiste le portrait en pied du roi (exposé en 1769), et une fresque représentant la Religion, à l'église Saint-Nicolas de Potsdam. Il a fait aussi des cartons pour les tapisseries exécutées à Berlin dans la manufacture de Vigne.

J.-B. GAYOT DUBUISSON. Cet excellent peintre de fleurs et de fruits était originaire de France; il séjourna long-temps en Italie où Pesne épousa sa fille; ils vinrent ensemble à Berlin. Dubuisson alla ensuite à Dresde et mourut à Varsovie, fort âgé. Il eut deux fils, EMMANUEL DUBUISSON, peintre de portraits, élève de Pesne, qui naquit à Naples en 1699, et AUGUSTE DUBUISSON, né en 1700, qui fut peintre de fleurs. La galerie royale de Berlin possédait de J.-B. Dubuisson deux ports de mer et deux paysages dont les figures avaient été peintes par Pesne.

En outre des Français qui allèrent à Berlin, plusieurs artistes prussiens vinrent étudier à Paris ; on cite entre autres: l'architecte EOSAN-

DER, baron de Gœthe; — RAIMOND FALTZ, célèbre médailleur, né à Stockholm en 1658, appelé à Berlin en 1688; — ANDRÉ SCHLUTER, sculpteur, né à Hambourg en 1662, mort à Saint-Peters-bourg en 1720; — AUG. TERWESTEN, né à LaHaye en 1649, mort à Berlin en 1711; — FRÉDÉRIC RECLAM, peintre de portraits, né à Magdebourg en 1734, élève de Pesne et de Pierre, pendant son séjour à Paris.

Un grand nombre d'œuvres d'art furent exécutées à Paris pour le roi de Prusse et envoyées à Berlin; nous pouvons citer:

La Chasse et la Pêche, deux statues faites en 1749 par LAMBERT-SIGISRERT ADAM (l'aîné). — Vénus et Mercure, deux statues sculptées par PIGALLE en 1748. — Un joueur de flûte, un berger qui porte une chèvre, deux copies de l'Antique, par BOUCHARDON ; — une Vénus en marbre et une statue de Mars, par GUILLAUME II COUSTOU ; — Apollon, statue en marbre, par J.-B. LEMOYNE — le buste en marbre du prince Henri de Prusse, et un autre en bronze par HOUDON. — WATTEAU et LANCRET firent plusieurs tableaux pour le roi de Prusse; la petite galerie de l'ancien palais de Sans-Souci n'était décorée que de ces charmantes compositions. — JEAN-FRANÇOIS DETROY fit cinq tableaux pour Sans-Souci: deux Conversations, le Sacrifice d'Iphigénie, la Naissance de Vénus (le plus beau), Apollon et Daphné. — GAZES fit, pour Sans-Souci, la Naissance de Vénus, la Toilette de Vénus, l'Enlèvement d'Europe, Bacchus et Ariane; pour Charlottenbourg: J.-C. appelant les Enfants auprès de lui, la Cène, le Jugement de Pâris. D'Argens regarde la Naissance de Vénus et la Cène comme les deux plus beaux tableaux de cet artiste. — PIERRE exposa, en 1761, un Jugement de Pâris (21 pieds sur 14) peint pour le roi de Prusse. — CARLE VANLOO fit pour la Prusse le Sacrifice d'Iphigénie, mademoiselle Clairon en Médée, l'Adoration des Mages et Sainte Madeleine priant dans sa Caverne.

Période moderne.

Madame LEBRUN, en 1801, fit à Berlin le portrait de la reine de Prusse; on lui doit aussi les portraits des princes Henri et Ferdinand de Prusse. — Louis AMBROISE DUBUT a construit, sous l'Empire, l'hôtel de la préfecture à Aix-la-Chapelle. — ISABEY a fait, en 1815, les portraits du roi de Prusse et du prince de Hardenberg. — GÉRARD a peint, en 1814, le portrait en pied du roi de Prusse, gravé par FORSTER, et en 1815, celui de Frédéric-Guillaume, prince royal de Prusse. — FOUQUET (LOUIS-SOCRATE), peintre sur émail et sur porcelaine, a été attaché, en 1815, à la manufacture royale de porcelaine de Berlin. — L'Institut lithographique de Cologne, magnifique établissement fondé en 1833, a fait venir de France plusieurs dessinateurs sur pierre. — BEGASSE, de Cologne, Louis KREVEL, peintres prussiens, sont tous les deux élèves de l'école française. — ANDRÉ FRIEDERICH. né à Ribeauvilliers en 1798, sculpteur, a fait, de 1819 à 1820, un groupe en pierre de 6 mètres de hauteur, représentant une Victoire assise sur un canon et d'autres armes, figure qui a été posée sur l'Arsenal de Berlin. — DAVID D'ANGERS a sculpté le buste colossal en marbre de A. de Humboldt (chez lui, à Berlin) et le buste colossal en marbre du statuaire Rauch, également chez cet artiste, à Berlin.

PETITS ÉTATS DE L'ALLEMAGNE.

1. GRAND DUCHÉ DE BADE.

RICHOMME et FORSTER ont gravé pour la maison Artaria de Manheim; Richomme: la Vierge aux Anges, de Raphaël, et Forster le portrait d'Albert Durer, d'après son portrait peint par lui-même et conservé à la galerie de Munich.

ISABEY a peint, en France et sous l'Empire, le grand duc de Bade, qui emporta cette remarquable miniature en retournant dans ses États.

ANDRÉ FRIEDERICH a exécuté, en 1828, pour le Gouvernement français, le nouveau monument de Turenne, à Sassbach. C'est un obélisque en granit sur lequel est sculpté le médaillon colossal du Grand-Maréchal. — De 1836 à 1838, Friederich a fait pour la ville de Fribourg la statue de l'archevêque de cette ville, Boll, mort en 1836; cette statue, de grandeur colossale et en pierre, est à la cathédrale.

JACOBBER, peintre de la Manufacture de Sèvres, est l'auteur des peintures qui décorent deux grands vases donnés en 1833 par Louis-Philippe au Grand-Duc.

2. BAVIÈRE.

Architecture gothique. — Les deux tours occidentales de la cathédrale de Bamberg, qui sont du deuxième tiers du XIIIe siècle, sont évidemment copiées sur celles de N.-D. de Laon, dont la date est à la fin du XIIe siècle. La ressemblance est frappante; c'est le même style, ce sont les mêmes détails, les mêmes étages et les mêmes contre-forts.

FRANÇOIS DETROY. L'alliance qui se contracta, sous Louis XIV, entre la France et la Bavière, établit entre les deux pays de nombreux rapports qui profitèrent à la gloire de nos artistes. Detroy fut envoyé par Louis XIV en Bavière pour faire le portrait de madame la Dauphine; le succès avec lequel il s'en acquitta, lui valut la considération et l'estime des grands seigneurs de la cour, qui occupèrent long-temps son pinceau.

ROBERT DE COTTE (mort en 1735) construisit plusieurs châteaux pour l'électeur de Bavière. — NICOLAS BERTIN (mort en 1736) envoya plusieurs tableaux qui ornaient la galerie électorale; mais il refusa d'entrer au service de l'électeur qui lui offrait cependant de gros appointements. — JOSEPH VIVIEN (mort en 1735), le célèbre peintre de pastel, fut long-temps au service de l'Electeur, qui le considérait beaucoup; il a peint en pastel le portrait de l'électeur Maximilien, figure entière, grand comme nature. En 1715, il commença un grand tableau à l'huile représentant toute la famille électorale; il le portait lui-même à l'électeur lorsqu'il mourut en route à Bonn. — GERMAIN BOFFRAND (mort en 1754), et, après lui CUVILLIERS, furent architectes des électeurs de Bavière.

DAVID fit, après 1814, pour le comte de Schœnborn, pair de Bavière, le tableau d'Eucharis et Télémaque. — FORSTER a gravé d'après Stieler le portrait du roi de Bavière. — Louis SOCRATE FOUQUET, peintre sur émail et sur porcelaine, a été employé (de 1818 à 1820?) à la manufacture royale de porcelaine de Niphenbourg, où il a fait plusieurs copies d'après des tableaux de la galerie de Munich. — CHELARD (HIPPOLYTE-ANDRÉ-JEAN-BAPTISTE); né en 1789, fut nommé, en 1828, maître de chapelle du roi de Bavière. Ce compositeur fort distingué a fait exécuter, à Munich: Macbeth, Minuit (opéras), l'Étudiant (opérette); une Messe solennelle; le combat d'Hermann en 1835. — JEAN MÉTIVIER, né à Rennes, architecte à Munich, a construit, dans cette ville, la maison de madame Bayersdorf, la plus jolie parmi les nouvelles maisons. — LÉON DE KLENZE, le célèbre architecte du Walhalla, est élève de Percier.

3. BRUNSWICK.

NOEL JOUVENET, peintre du duc de Brunswick, se trouvait à Padoue en 1684, selon Mariette , qui, malheureusement, ne donne pas d'autres détails sur cet artiste, qui fut le premier maître du Poussin. — FORSTER a gravé, en 1818, d'après Steuben, le portrait d'Alexandre de Humboldt pour une maison de Brunswick.

4. ÉLECTORAT DE COLOGNE.

L'un de nos plus savants archéologues, M. Félix de Verneilh, a mis hors de doute ce point d'histoire fort important, que la cathédrale de Cologne, bien loin d'être le premier monument construit en style gothique, le monument modèle de tous les autres, est, au contraire, un édifice copié sur N.-D. d'Amiens et sur la Sainte-Chapelle de Paris. Le dôme de Cologne, en effet, n'a été commencé qu'en 1248, tandis que N.-D. d'Amiens a été construite de 1220 à 1288, et la Sainte-Chapelle de 1245 à 1248; voilà pour les dates. Les deux plans d'Amiens et de Cologne sont si ressemblants qu'on peut les confondre; ils se couvrent l'un l'autre, et lorsque le plan de Cologne s'éloigne par hasard du plan d'Amiens, c'est pour suivre celui de Beauvais. Le style, les détails, les fenêtres, les contre-forts de Cologne sont empruntés aux cathédrales d'Amiens, de Beauvais et à la Sainte-Chapelle. Les faits sont tellement évidents, que presque tous les archéologues allemands les admettent, et si nous n'entrons pas dans plus de détails à ce sujet, c'est que la question est si bien résolue, que ce serait inutile; qu'il nous suffise de renvoyer le lecteur au mémoire de M. de Verneilh.

JACQUES BRUAND, architecte, mort avant 1675, a fait le modèle d'une maison que M. Jabach (Evrard) voulait faire bâtir à Cologne. Cette maison du célèbre amateur est évidemment le Jabachischehaus, dont il est question dans l'article suivant.

CHARLES LEBRUN. — «Je me rendis dans la maison appelée Jabachischehaus, pour y voir le grand portrait de famille de cette maison, peint par Lebrun; ce tableau occupe tout le fond d'une chambre assez grande; c'est un vrai chef-d'œuvre. Le vieux Jabach, qui fut, à ce qu'il paraît, un amateur des arts, y est représenté assis dans un fauteuil et montrant de la main le buste de Minerve, ainsi que plusieurs autres attributs des arts épars çà et là. Sa femme, vêtue de ses plus beaux habillements, est assise à sa gauche; elle tient dans ses bras un enfant à la mamelle qui repose sur un coussin de velours rouge; la vie respire dans tous les traits de cet enfant. La mère a près d'elle sa fille, âgée de dix ans, dont la contenance et la pâleur annoncent qu'elle n'est pas en bonne santé ; à sa droite est une autre fille un peu plus jeune, sur le visage de laquelle brillent la joie et le contentement. Un petit garçon de quatre ans, placé sur le plan inférieur, s'agite sur un cheval de bois et semble regarder d'un air curieux ce qui se passe dans la chambre. Le peintre Lebrun est assis dans l'enfoncement devant son chevalet; il a la tête tournée de côté et est occupé à peindre. L'ensemble de ce tableau est du meilleur effet; la beauté du coloris, l'expression des figures, leur distribution, la vérité des draperies, tout y est frappant, tout y intéresse .»

Ce beau tableau est aujourd'hui au Musée de Berlin.

ROBERT DE COTTE (mort en 1735) construisit plusieurs châteaux pour l'électeur de Cologne. — TARDIEU, en 1754, était nommé graveur de S. A. S. l'électeur de Cologne; il resta cependant à Paris.

DUCHÉ DE DEUX-PONTS,

PIERRE PATTE (1723-1814), architecte du duc de Deux-Ponts, en 1765, a construit pour ce prince deux corps du palais de sa résidence et dessiné le château de Jaresbourg sur le modèle de Trianon .

Vers cette époque on exécuta d'après Coypel, aux Gobelins, de magnifiques tentures d'opéra pour le duc de Deux-Ponts. — MONNOT exposa en 1781 Psyché venant voir l'Amour. «Ces figures, en marbre, de grandeur naturelle, sont destinées à orner le lit de S. A. S. le Pr. de Deux-Ponts .» — DEZÈDE (1740-1792). En 1785, le duc Maximilien, qui aimait beaucoup la musique de ce compositeur, l'attacha à sa cour; Dezède y résidait un mois par an . — JEAN DUBUISSON (né en 1764), fut, avant 1789, peintre du prince de Deux-Ponts.

HAMBOURG.

VAUCHELET a peint, en 1847, pour un sénateur de Hambourg, dix grands sujets et six compositions pour orner son hôtel.

LANDGRAVIAT DE HESSE-CASSEL.

En 1698, RIGAUD fit les portraits du prince de Hesse-Cassel, du prince son frère, et du baron Deffel, leur gouverneur . — DE WAILLY fit les plans d'un palais pour le landgrave de Hesse. Ces plans, en 2 vol.

in-fol., sont conservés à Cassel et n'ont pas été exécutés. — ROCHEFORT (J.-B.), né en 1746, mort en 1819, fut chef d'orchestre de l'opéra français établi à Cassel de 1780 à 1785. Il y fit représenter les opéras-comiques de: la Pompe funèbre de Crispin, Pyrame et Thisbé, les Noces de Zerbine.

ÉLECTORAT DE MAYENCE.

NICOLAS BERTIN (1667-1736) a beaucoup travaillé pour l'électeur de Mayence, «et ses plus beaux ouvrages sont dans le cabinet de l'électeur». — MARC CHABRY (1660-1727), peintre et sculpteur, élève du Puget, alla à Mayence, vers 1700, faire le portrait de l'électeur. — GERMAIN BOFFRAND (1667-1754), a construit le château de la Favorite, près de Mayence.

MECKLEMBOURG,

Le prince de Mecklembourg poussa l'admiration des œuvres d'OUDRY, peintre d'animaux, jusqu'à faire bâtir exprès, dans son palais de Schwerin, une galerie pour y mettre ses tableaux.

NASSAU.

En 1694, Nicolas de Platte-Montagne, mort en 1706, fit le portrait du comte de Nassau.

PALATINAT.

SALOMON DE CAUS, mort en 1630, était, vers 1615, directeur des bâtiments et jardins de l'électeur palatin. Il publia en 1620, à Francfort, un volume intitulé Hortus Palatinus, in-folio, orné de gravures par Debry, dans lequel on trouve la description des travaux d'art exécutés aux jardins de Heidelberg par Salomon de Caus. — RIGAUD, en 1695, fit le portrait de l'électeur palatin . — GOTREAU, peintre, mort assez jeune à Manheim, où il a laissé des preuves de ses talents pour l'histoire dans un tableau qui décore l'autel de la chapelle du château; il était à Manheim dans le temps de l'électeur Charles-Philippe, 1716-1742 . — PIGAGE était architecte de l'électeur, à Manheim, en 1765 ; on ne sait rien sur la biographie de cet artiste. — En 1771, JOSEPH VERNET exposa deux marines faites pour l'électeur: une tempête avec le naufrage d'un vaisseau; un paysage et marine au coucher du soleil. — JOSEPH FRATREL, peintre d'histoire et de portraits, né à Épinal, fut appelé à Manheim par l'électeur Charles Théodore; il y est mort en 1783 .

SALM-KIBOURG.

Deux Français, vers la fin du XVIIIe siècle, travaillèrent pour un prince de Salm-Kibourg: ANTOINE construisit un palais, et le sculpteur ROLAND fit une partie de bas-relief de 21 pieds de long sur 5 de hauteur, représentant un sacrifice des anciens.

PRINCIPAUTÉS DE SAXE.

LOUIS GUIARD, élève de Bouchardon, à son retour de Rome à Paris en 1748, fit le modèle du tombeau de la princesse de Saxe-Gotha qui lui avait été demandé d'Allemagne . — J.-B.-PIERRE TARDIEU a gravé vingt-cinq cartes topographiques de la Saxe-Gotha. — DUVIVIER exposa en 1773 une médaille frappée à la mémoire du prince de Saxe-Gotha. — HOUDON exposa, la même année, le portrait de feu Frédéric III, duc de Saxe-Gotha et Altenbourg; le portrait d'Ernest-Louis, duc régnant; celui de Marie-Charlotte de Saxe-Meinungen. épouse du duc régnant, et celui de Frédérique-Louise, sœur de ce duc.

FOUQUET (LOUIS-SOCRATE) fut nommé, en 1821, professeur-peintre sur émail du duc de Saxe-Gotha. — ANDRÉ-MARIE RENIÉ, né en 1789, élève de Vaudoyer et Percier, construisit, sous la Restauration, le palais de résidence du duc de Saxe-Cobourg, en style gothique et la salle de spectacle de ce palais . On lui doit aussi la restauration intérieure du palais du duc de Saxe-Meinungen; il eut le titre de premier architecte du duc de Saxe-Cobourg. — DAVID D'ANGERS a sculpté le buste colossal en marbre de Gœthe, qui est placé à la bibliothèque de Weimar.

ÉLECTORAT ET ROYAUME DE SAXE.

Les deux électeurs de Saxe et rois de Pologne, Auguste II et Auguste III, furent très amateurs des beaux-arts et curent à leur service un grand nombre de Français. Auguste II avait séjourné en France avant la rupture de la trêve de Ratisbonne; c'est à la cour de Louis XIV qu'il avait puisé le goût des arts qui rendit sa cour la plus brillante de l'Europe, après celle de Versailles.

FRANÇOIS COUDRAY fut premier sculpteur d'Auguste II; il était déjà à Dresde en 1717 ; il y mourut à quarante-neuf ans, le 29 avril 1727 . Il avait été élève de Girardon, ou au moins avait reçu ses conseils.

Louis DE SILVESTRE, né en 1675, mort en 1760 à quatre-vingt-quatre ans, élève de Lebrun et de Bon Boullongne, fut premier peintre de l'électeur de Saxe; il était déjà à Dresde en 1718 ; en 1727, il fut nommé directeur de l'Académie de Peinture de Dresde ; il y forma de nombreux élèves; on sait qu'il fit de grands et nombreux travaux, qui le firent anoblir, entre autres le portrait de Marie-Josèphe, reine de Pologne; l'entrevue de l'impératrice Amélie, veuve de Joseph Ier , et d'Auguste III roi de Pologne. Silvestre revint à Paris en 1751.

JEAN DE BOTT entra, en 1728, au service de l'électeur, en qualité de lieutenant-général et de chef des ingénieurs; il y a divers édifices de lui à Dresde; il a travaillé à la forteresse de Kœnigstein. De Bott mourut à Dresde le 2 janvier 1745.

CHARLES HUTIN, né à Paris le 4 juillet 1715, mourut à Dresde le 29 juillet 1776 . Hutin, élève du peintre François Lemoine, grand prix de 1736, se livra à la sculpture pendant son séjour à Rome, et suivit les leçons de Slodtz; il fut reçu académicien en 1747 . Il se rendit à Dresde en 1748 avec son frère PIERRE HUTIN, graveur et sculpteur, élève de G. Coustou. Charles Hutin a fait le tableau d'autel à la nouvelle église catholique, et le plafond de cette église . Il fut nommé directeur de l'Académie de Peinture et de Sculpture de Dresde en 1768 , et mourut dans cette ville en 1776 .

En 1763, DELATOUR exposa les portraits en pastel du prince Clément et de la princesse Christine de Saxe. — CARLE VANLOO, les Grâces enchaînées par l'Amour. — En 1767, HALLÉ exposait les derniers moments de Scilurus, roi des Scythes, grand tableau pour le roi de Pologne. — VIEN, la même année, exposait un tableau représentant César débarquant à Cadix et trouvant dans le temple d'Hercule la statue d'Alexandre, et gémissant d'être inconnu à l'âge où ce héros était déjà couvert de gloire. — LAGRENÉE, un tableau dont le sujet est: la tête de Pompée présentée à César. — En 1769, GREUZE exposa le portrait du prince héréditaire de Saxe.

«1768. LEBRUN, célèbre sculpteur français à Rome, termine le buste du Pape, et de là partira pour Varsovie où le roi de Pologne le demande. Ce monarque lui destine une place distinguée dans son Académie des Beaux-Arts.»

La galerie de Dresde fut presque toute gravée à Paris, de 1750 à 1756, sur les dessins de CH. HUTIN; les artistes français qui y travaillèrent sont: BALECHOU, qui fit l'admirable estampe représentant le portrait en pied du roi de Pologne, peint par RIGAUD; J. DAULLÉ, J. BEAUVARLET, P. AVELINE, M. AUBERT, J.-J. FLIPART, JARDINIER, L. JACOB, P. CHENU, L. LEMPEREUR, ANT. RADIGUES, GAILLARD, ALIAMET, E. FESSARD, BEAUVAIS, LE MIRE. P.-E. MOITTE, F. BASAN, L. SURUGUE, N. DUPUIS, J. TARDIEU, P. SURFGUE le fils.

En 1808, GÉRARD a fait le portrait de Frédéric-Auguste, roi de Saxe. — De notre temps, ACHILLE LEFÈVRE a gravé la Nuit du Corrége et une Vierge de ce maître pour la maison Arnold de Dresde. — DAVID d'ANGERS a fait les bustes en marbre de Gœthe et de Tieck, tous les deux placés à la bibliothèque de Dresde.

ÉLECTORAT DE TRÈVES.

MICHEL D'IXNARD, né à Nîmes en 1723, mort à Strasbourg en 1795. Cet habile architecte devint, sur la recommandation du cardinal de Rohan, architecte-directeur des bâtiments de l'électeur de Trèves. Il construisit le palais électoral de Clemensbourg, à Trèves. On lui doit aussi l'abbaye de Saint-Blaise, dans la Forêt-Noire, l'un des plus beaux monuments de l'Allemagne, construite sur le modèle de la Rotonde de Rome.

VINCENT exposa, en 1787, la Clémence d'Auguste envers Cinna, tableau pour l'électeur. — Le Bélisaire de DAVID fut acheté par l'électeur de Trèves. — LECOMTE, sculpteur, exposa, en 1789, un dessin représentant la Religion et les Vertus théologales, composées pour le devant de la chaire de la chapelle électorale. — PEYRE (ANTOINE-FRANÇOIS), né à Paris le 5 avril 1739, mort à Paris en 1823, a construit le palais de Coblentz.

WURTEMBERG.

NICOLAS GUIBAL, peintre d'histoire, né à Lunéville en 1725, mourut à Stuttgard le 3 novembre 1785, après y avoir assez long-temps travaillé en qualité de premier peintre du duc de Wurtemberg. — JEAN-JOSEPH RODOLPHE, né en 1730, mort en 1812, professeur de solfége au Conservatoire, fut, de 1760 à 1763, au service du duc de Wurtemberg. Il fit représenter à Stuttgard les quatre ballets héroïques de Médée et Jason, de Psyché, la Mort d'Hercule et Armide. — DELAGUÊPIÈRE était architecte à Stuttgard en 1765. — Le célèbre sculpteur wurtembergeois Dannecker résida à Paris de 1771 à 1773, pour y étudier son art.

ÉVÊCHÉ DE WURTZBOURG.

ROBERT DE COTTE (1656-1735) construisit un château pour l'évêque de Wurtzbourg. — GERMAIN BOFFRAND (1667-1754), architecte de l'évêque de Wurtzbourg, éleva le palais épiscopal de Wurtzbourg, palais magnifique, peu inférieur à celui de Versailles.

CHAPITRE SECOND.

AMÉRIQUE.

§ I. — ÉTATS-UNIS.

Les relations les plus étroites et les plus sympathiques s'établirent entre la France et les États-Unis pendant et après la guerre de l'Indépendance. Ce fut à la France que les Américains demandèrent les artistes chargés de perpétuer le souvenir des événements et des hommes qui avaient fondé la république des États-Unis.

Franklin fut chargé par le congrès d'aller à Paris chercher HOUDON et de l'amener en Amérique pour faire la statue de Washington. Houdon alla en effet à Philadelphie et fit le buste du général; il rapporta à Paris (1778) le modèle en plâtre de ce buste, et s'en servit pour composer sa belle statue de Washington, qui se trouve maintenant dans la salle des États de la Virginie.

En 1787, Houdon exposa le buste en plâtre de Vashington dont nous venons de parler, le buste en marbre de Lafayette pour les États de la Virginie, et le buste de Jefferson.

LE PAON (né vers 1738, mort en 1785), peintre de batailles, élève de Casanova, a fait le portrait de Washington qui a été gravé par LE MIRE. Dans ses dernières années, il dessina pour la collection d'estampes que dirigeaient Pons et Godefroy quelques-uns des faits de la guerre d'Amérique.

DUVIVIER, graveur-général des monnaies et des médailles, fit, en 1781, la médaille ordonnée par les États-Unis en l'honneur du chevalier de Fleury, pour s'être distingué à la prise de Stonypoint en 1779; en 1789, une médaille représentant Washington, et au revers: Évacuation de Boston, 1776.

Le sculpteur MOUCHY exposa en 1785 un projet de monument en mémoire de la liberté des États-Unis d'Amérique; mais je n'ai pu savoir si ce projet fut mis à exécution.

Les tapisseries de Beauvais étaient fort recherchées au XVIIIe siècle par les étrangers. En 1793, le gouvernement des États-Unis avait vendu au comité de Salut public des blés que la France ne pouvait payer; l'or manquait, et les Américains refusaient le papier de cette époque. La République en acquitta le prix avec des livraisons du Moniteur et des tapisseries de la manufacture de Beauvais .»

CHAZAL, Antoine (né en 1793), a fait en 1840, pour l'Ecole de Médecine de Lexington, quarante études de plantes médicinales à l'aquarelle.

DAVID D'AGERS a exécuté la statue en bronze de Jefferson (à New-York); le buste colossal en marbre de Lafayette, placé dans la salle du Sénat des États-Unis; le buste colossal en marbre de Lafayette et celui de Washington pour M. Manegant; le buste colossal en marbre de Fenimore Cooper, placé chez le célèbre romancier, à New-York.

§ II. — BRÉSIL.

Après que la cour de Portugal se fut réfugiée au Brésil, en 1808, le gouvernement portugais résolut d'établir dans le nouvel empire les sciences, les arts el l'industrie de l'Europe. Ce fut à la France que le Brésil demanda des artistes.

Le Breton, secrétaire-perpétuel de la classe des Beaux-Arts de l'Institut, fut chargé de choisir les artistes qui devaient l'accompagner et aller fonder à Rio-de-Janeiro une Académie destinée à établir au Brésil l'enseignement et le goût des arts.

Les artistes que Le Breton (mort à Rio-de-Janeiro en 1819) conduisit au Brésil sont:

J.-B. DEBRET, peintre d'histoire, élève de David (revenu en 1831).

NICOLAS-ANTOINE TAUNAY, peintre de paysage historique, élève de Casanova, mort en 1830 à Paris.

CHARLES-AUGUSTE TAUNAY, sculpteur, né en 1768, élève de Moitte, grand prix de sculpture, mort en 1824 au Brésil.

GRANDJEAN DE MONTIGNY, architecte.

CH.-SIMON PRADIER, graveur en taille-douce, élève de Desnoyers.

NEUCOM, musicien.

FRANÇOIS OVIDE, professeur de mécanique.

Les frères FERREZ, l'un sculpteur et l'autre graveur de médailles.

La colonie, partie du Havre, arriva à Rio-de-Janeiro en 1816, où elle fut accueillie royalement; 5,000 fr. de traitement furent alloués à chacun des membres de la nouvelle Académie. Le comte de Barca, ministre de l'Empereur Jean VI, se fit le protecteur des Français, et de nombreux travaux furent entrepris.

Mais après la mort du comte de Barca, les commotions politiques et diverses intrigues arrêtèrent l'essor de la colonie artistique. Neucom et Ant. Taunay revinrent en France; Auguste Taunay mourut en 1824. Cependant Debret et Grandjean luttèrent contre tous les obstacles; et enfin, en 1826, le magnifique palais de l'Académie, tout construit en granit, était terminé, et l'Académie elle-même officiellement installée. Malheureusement elle était sous la présidence d'un peintre portugais, Henri-José da Silva, fort hostile aux Français et à leur enseignement et cherchant à l'entraver par tous les moyens.

Malgré le mauvais vouloir de da Silva, Debret et Grandjean formèrent de nombreux élèves. Parmi les élèves de Debret, ceux qui se sont ouvert une plus brillante carrière sont:

«Simplicio-Rodriguez de Sa, excellent peintre de por-
«traits; José de Christo Moreira, peintre de marine et
«professeur de construction navale à l'école maritime;
«Francisco Pedro de Armacal, peintre-architecte, qui a
«décoré les palais impériaux et exécuté les belles fres-
«ques de la salle des Philosophes, à la bibliothèque na-
«tionale, ainsi que les délicates arabesques de l'ancien
«palais de dona Maria; Manoel d'Aranjo Porto Alegre,
«artiste de premier ordre, qui figura dans les expositions
«comme peintre d'histoire, sculpteur et architecte, vint
«achever ses études à Paris sous le baron Gros, passa
«ensuite en Italie, revint en France et retourna au Brésil,
«où il a remplacé son maître, Debret, à la direction de
«l'Académie et dans ses fonctions de premier peintre de
«S. M. I.; de Souza Lobo, professeur de dessin et de
«peinture; José Calvalho dos Reis. paysagiste et peintre
«de fleurs, professeur à l'Ecole militaire; José da Silva
«Aruda, peintre d'histoire naturelle, secrétaire de l'Aca-
«démie; et A. FOLCOZ, peintre d'histoire, élève de Léon
«Coignet.
«De ces huit élèves fondateurs de l'école de peinture
«de Rio-Janeiro, sous la direction de nos artistes français,
«les deux premiers sont Portugais, les cinq qui suivent
«Brésiliens, et le dernier appartient à la France.»

«L'école de M. Grandjean ne prospérait pas moins que celle de M. Debret. On remarqua, dans les expositions publiques, des travaux de ses élèves qui n'auraient point été déplacés aux expositions de Paris. La pratique chez eux suivait de près la théorie. Leurs édifices, d'un style pur, ayant excité l'admiration des habitants, la ville en fut bientôt couverte, et, grâce à cette ardente jeunesse, elle gagne, chaque jour, en élégance et en régularité.

«A cette époque, une prodigieuse révolution se manifeste dans les idées du peuple brésilien: les peintres, qui jusqu'alors n'étaient pas appréciés, sont admis dans les sociétés les plus brillantes; ils jouissent de l'estime et de la considération générale; l'empereur fait arrêter sa voiture au milieu des rues pour s'entretenir avec des peintres; l'un d'eux laisse échapper son pinceau dans un moment d'inspiration, l'empereur se baisse, le ramasse et le lui rend. Enfin les beaux-arts se répandent dans les familles, et elles sont rares aujourd'hui celles où le dessin et la musique n'entrent pas dans l'éducation des enfants.»

Cette importation si complète des arts français au Brésil est, à coup sûr, un des faits les plus curieux de cette histoire.

Plusieurs artistes ont exécuté diverses œuvres importantes pour le Brésil; entre autres: RAPHAEL-URBAIN MASSART a gravé le portrait de Dom Pedro. — JAMES PRADIER a sculpté, en 1850, le buste en marbre de l'empereur Dom Pedro II; — pour le tombeau d'un enfant, à Rio de Janeiro, un bas-relief en marbre représentant un ange emportant un enfant; — le buste en marbre de madame *** de Rio de Janeiro.

Plusieurs artistes français résident actuellement an Brésil: ce sont MM. TAUNAY fils, peintre et directeur de l'Académie; MOREAU jeune, peintre d'histoire; BUVELOT, paysagiste distingué ; BARANDIER, peintre de portraits.

CHILI.

ERNEST CHARTON, élève de l'école des Beaux-Arts, parti de France en 1847 pour un voyage en Amérique, a un peu travaillé à Quito et à Lima. Ce jeune peintre a trouvé au Chili, MONVOISIN (PIERRE-RAYMOND-JACQUES, né en 1793, élève de Guérin), peintre français, établi dans ce pays depuis 1838 environ, et qui y a beaucoup travaillé.

HAITI.

Nous ne parlerons pas ici des nombreux monuments fondés à Saint-Domingue au temps où cette colonie appartenait à la France; nous n'aurons donc à mentionner que le buste colossal en bronze de l'abbé Grégoire; cette œuvre de DAVID est placée dans la salle du sénat de Haïti.

LA HAVANE.

COLSON (GUILLAUME-FRANÇOIS), peintre d'histoire, né en 1785, élève de David, a beaucoup travaillé à la Havane où il est allé s'établir après 1824. — DEBAY (JEAN-BAPTISTE-JOSEPH), né en 1779, a exécuté, en 1817, deux statues colossales, Neptune et Apollon, pour le jardin botanique de la Havane.

PARAGUAY.

Les jésuites des missions du Paraguay employèrent habilement le goût qu'avaient les Indiens pour la musique pour convertir ces peuples et les sortir de la vie sauvage. Ils chantaient des cantiques en arrivant parmi eux, les attiraient, les émerveillaient; puis, leur expliquant ce qu'ils avaient chanté, ils les amenaient à la foi et à la civilisation, renouvelant ainsi l'histoire d'Orphée.

On cite un fait remarquable qui se passa à l'arrivée des premiers jésuites français au Paraguay, en 1628; les néophytes exécutèrent en leur honneur des ballets avec une musique à deux chœurs dans le bon goût de France; un missionnaire français leur avait enseigné la musique, et avait, secondé par son violon, converti un grand nombre de Guaranis.

CANADA ET NOUVELLE-ORLÉANS.

Nous ne voulons pas parler ici des monuments de toute espèce élevés par les Français dans la Nouvelle-France; ce ne sont pas en effet des œuvres d'artistes français en pays étrangers, bien que ces belles contrées nous aient été enlevées. La population de la Nouvelle-France s'est conservée trop française pour que nous ne rendions pas cet hommage à nos compatriotes d'outre-mer.

CHAPITRE III.

ANGLETERRE.

C'est à l'époque de la conquête des Normands que remonte l'origine de l'influence de l'art français en Angleterre. Après avoir admis d'abord que l'art ogival était d'origine anglaise, les archéologues anglais se sont rendus à l'évidence et ont fini par reconnaître que cet art était d'origine française . MM. Gallyknight et Dusommerard ont démontré que l'art français s'était établi en Angleterre après la conquête normande; ils ont incontestablement prouvé que LANFRANC , abbé du Bec et depuis archevêque de Cantorbéry, avait importé l'architecture normande en Angleterre, architecture qualifiée par les contemporains de «novum œdificandi genus .»

Lanfranc fit construire en Angleterre un grand nombre d'églises dans le style roman de Normandie. Il rebâtit la cathédrale de Cantorbéry et la décora de tapisseries et de peintures. L'introduction du nouveau style souleva une violente opposition parmi les évêques saxons, qui rejetaient cet art étranger dont ils ne pouvaient cependant s'empêcher de faire l'éloge .

Lanfranc avait fait venir de France des hommes capables de l'aider dans ses travaux, entre autres PAUL, son propre neveu, et GANDULF, moine de Caen, qui devint évêque de Rochester. Gandulf, l'un des meilleurs architectes de son temps, a bâti la Tour Blanche à la Tour de Londres. Cette Tour Blanche subsiste encore, et sa chapelle, quoique altérée par le temps, par les restaurations et les incendies, est encore un monument fort curieux de l'architecture de cette époque.

Saint Anselme, successeur de Lanfranc, travailla ou fit travailler au chœur de la cathédrale de Cantorbéry; son prieur ERNULFE, moine français, construisit l'une des chapelles de cette église; les contemporains parlent aussi de la beauté des peintures qui furent faites dans les nouvelles constructions. De tous ces travaux il ne reste plus que la crypte et une partie des substructions; le reste de la cathédrale normande a été détruit.

Après l'introduction de l'art romano-normand vint l'introduction du gothique primitif. GUILLAUME DE SENS rebâtit, en 1174, la cathédrale de Cantorbéry qu'un incendie venait de détruire. Guillaume, qui avait été choisi au concours, construisit cet édifice dans le style gothique primitif. Cet habile architecte a fait le chœur et le sanctuaire de la cathédrale de Cantorbéry, c'est-à-dire la plus admirable partie de ce bel édifice. L'œuvre de Guillaume est, par son plan, son style, son ornementation, un monument purement français, semblable en tout point à ceux qu'on élevait en France à cette époque et principalement à la cathédrale de Sens.

Ainsi, la cathédrale de Cantorbéry est française d'origine. Elle est le premier monument gothique construit en Angleterre, et conséquemment le type de son architecture religieuse.

Le plus ancien monument construit dans le style appelé par les Anglais Early English, la cathédrale de Lincoln, est encore l'œuvre d'un architecte français. Cette église, rebâtie de 1195 à 1200 par les soins de l'évêque saint Hugues de Bourgogne, a été construite par un architecte de Blois, sur le modèle de Saint-Nicolas de Blois, incontestablement commencé en 1138. Quelques-uns des chapiteaux de Lincoln sont de style anglais; mais tout le reste de l'édifice est en pur style français ou gothique. Aux constructions de Saint-Hugues appartiennent: une rose magnifique , qui rappelle exactement ce que nous avons de mieux en ce genre: le chœur et une partie des transepts.

Ainsi, le style romano-normand, le style gothique, le style early-english ont été apportés en Angleterre par des artistes français; ce sont les monuments qu'ils ont bâtis qui ont servi de modèles aux architectes anglais pour le plan, pour le style, pour l'ornementation; et qu'on le remarque bien, notre opinion est celle de toute l'Angleterre savante.

Parmi les édifices construits depuis le XIIe siècle, en Angleterre, l'abbaye de Westminster a un aspect plus français qu'aucun autre; cette église a été évidemment bâtie sous l'influence française. C'est un édifice élevé, élancé, aigu, mince, dont la décoration est toute française; tandis que les monuments gothiques de style anglais pur sont bas et écrasés; leur ornementation, leur flore offrent des différences considérables. La date de Westminster est d'environ 1264 .

Je ne ferai que rappeler ce que j'ai dit précédemment sur JEAN DE LIMOGES; pendant le reste du moyen-âge on ne trouve plus aucune trace de travaux exécutés en Angleterre par des Français. La longue et déplorable lutte des deux peuples explique ce fait; l'alliance ne se renoua que pendant le règne de Henri IV et d'Elisabeth; alors aussi nos artistes reparaissent en Angleterre.

COLDORÉ ou JULIEN DE FONTENAY, célèbre graveur en pierres fines, graveur de Henri IV, eut l'insigne honneur de faire le portrait de la reine Elisabeth. Jalouse d'avoir son portrait gravé par Coldoré, Elisabeth l'attira en Angleterre. On sait que cette reine avait fait rendre en 1563 une ordonnance par laquelle il était «défendu à
«tout peintre et graveur de continuer de la peindre ou
«de la graver, jusqu'à ce que quelque excellent artiste eût
«pu faire un portrait fidèle qui devait servir de modèle
«à toutes les copies qu'on en ferait à l'avenir, après que

«ce modèle aurait été examiné et reconnu aussi bon et » aussi exact qu'il pourrait l'être.» Ce fut Coldoré qui fit ce modèle.

LE VOUET (né en 1582, mort en 1648), alors célèbre par ses portraits, fut appelé en Angleterre; on voulait le retenir, mais il revint en France vers 1610.

JEAN WARIN (né en 1604, mort en 1672). Warin, notre grand graveur de médailles et de monnaies, a fait en 1658, le coin des Crowns anglaises à l'effigie de Cromwell. La figure du Protecteur est de la plus grande beauté.

HUBERT LE SŒUR ou LESUEUR. Lesueur, sculpteur, élève de Jean de Boulogne, qui avait travaillé avec Tacca à la statue de Henri IV en 1610, vint en Angleterre vers 1630. Plusieurs œuvres importantes de cet habile artiste sont en Angleterre. On cite Caïn et Abel, à Yorkhouse; — l'Enlèvement d'une Sabine, à Houghton; la statue équestre de Charles I.er, en bronze, faite en 1633 et érigée en 1678 à Londres, sur la place de Charing-Cross ; — le buste de Charles I.er, en costume romain; — la statue armée de W. Herbert, comte de Pembrocke, chancelier d'Oxford; cette belle statue, très noble, plus grande que nature, est aujourd'hui à l'université d'Oxford; — le Mausolée du duc de Buckingham, en bronze, à Westminster.

BRUAND (le père). Le château de Richemond, bâti pour le duc d'York, a été construit, en 1662, sur les dessins de Bruand.

LE NÔTRE. Le parc de Kinsington a été dessiné par Le Nôtre. — Le goût des jardins chinois, dits anglais, n'était pas encore de mode en Angleterre; il ne s'y répandit que vers 1720, date des premiers travaux de Kent.

FRANÇOIS AGUIER (né en 1604, mort en 1699, élève de Simon Guillain). Ce grand sculpteur, à qui l'on doit le beau mausolée du duc de

Montmorency, exerça ses talents en Angleterre ; mais il m'a été impossible de trouver l'indication des œuvres qu'il y a faites.

Ces faits isolés ne constituent qu'une partie de l'histoire si considérable des travaux des Français en Angleterre. C'est sur-tout depuis la restauration de Charles II1668) que les artistes français se répandirent en Angleterre, appelés par les Stuarts alliés de Louis XIV, et que l'art français ainsi que le goût de la cour de Versailles furent adoptés par la cour et par les seigneurs anglais.

CHRISTOPHE WREN, NICOLAS HAWKSMOOR. L'imitation de l'architecture française produisit la plupart des œuvres de Wren ; l'église de Saint-Paul, le palais de Hamptoncourt, l'hôpital de Greenwich, la grande colonne de Londres offrent les traces les plus évidentes de l'étude de nos monuments; Wren avait sur-tout étudié notre architecture; aussi Walpole dit que malheureusement Wren n'avait voyagé qu'en France. — Le collége de la Reine à Oxford, bâti par Nicolas Hawksmoor, élève de Wren et architecte médiocre, est un si remarquable monument et ressemble si fort au Luxembourg, que Dallaway croit que ce collége a été fait sur des dessins rapportés de France par Wren . Le jardin de la cour à New-College, œuvre de Hawksmoor, ressemble beaucoup à Versailles sans la colonnade, mais avec une addition hétérogène de créneaux gothiques et d'écussons qui embarrassent les architraves des fenêtres . Dans un poème intitulé : Oxonii dux poeticus, par Aubry , la ressemblance de ces bâtiments avec ceux de Versailles a inspiré celte exclamation:

> Ah mihi Versalias nimis illa referre videntur
> Qua regis miseri limina parte subis.
> Sontes Versalias! quæ primæ incendia sæva
> Accendere, quibus Gallia adusta perit.

GRINLING GIBBONS. Ce sculpteur anglais était élève de Simon Guillain; il fut célèbre comme sculpteur en bois, sculpteur d'ornements et comme statuaire. Il introduisit en Angleterre les principes de l'école française, dont les sculpteurs étaient alors fort renommés, et à juste titre.

NICOLAS LARGILLIÈRE (né en 1655, mort en 1746. — Élève de Goubeau). Largillière, excellent peintre de portraits, fit trois voyages en Angleterre. Le premier vers 1673; le second à l'avénement de Jacques II; il avait été appelé pour peindre les portraits du roi et de la reine. Le troisième voyage de Largillière eut lieu pendant le règne même de Jacques II .

CLAUDE LEFÈVRE (né en 1633, mort à Londres en 1675. — Elève de Lesueur et de Lebrun). Lefèvre, si connu par la beauté de ses portraits, passa en Angleterre; il y peignit une grande quantité de portraits qui le firent regarder comme un second Vandyck et lui valurent une certaine fortune .

CHARLES DELAFOSSE (né en 1640, mort en 1716. — Élève de Lebrun). Delafosse, l'auteur de la peinture du dôme des Invalides, fut appelé à Londres, en 1690, avec Rousseau et Jean-Baptiste Monnoyer, par lord Montaigu, qui faisait bâtir un hôtel à Londres . Delafosse y peignit deux plafonds, l'apothéose d'Isis et l'assemblée des Dieux. «Tout ce que la poésie , la magie du coloris, la belle intelligence et la grande ordonnance peuvent produire de meilleur, est employé dans ces ouvrages.» Guillaume III vint voir ces belles peintures et fut frappé de leur beauté. Il voulut engager Delafosse à rester en Angleterre, lui promettant de grands ouvrages et une récompense qui leur serait proportionnée; mais Delafosse revint en France en 1692 , sur l'invitation de Mansard, qui lui avait donné l'espoir de devenir premier peintre du roi ;

JEAN-BAPTISTE MONNOYER, dit BAPTISTE (né en 1635, mort à Londres en 1699). Il travailla à l'hôtel de lord Montaigu, qui l'avait appelé à Londres sur le bruit que faisait son nom. Il orna de fleurs et de fruits les peintures du grand salon, de l'escalier et des appartements .

JACQUES ROUSSEAU (né en 1630, mort à Londres en 1693). Rousseau, peintre de paysages et de perspectives à la fresque, se retira à Londres après la révocation de l'édit de Nantes. Il enrichit de ses peintures l'hôtel de lord Montaigu; entre autres choses, il peignit l'architecture du grand escalier, celle du grand salon, qui sont fort estimées; une partie même de l'hôtel fut élevée sur les dessins de Rousseau . — Delafosse, Baptiste et Rousseau arrachèrent aux Anglais l'aveu sincère qu'on ne pouvait aller plus loin en fait de peinture .

JEAN DE BOTT (né en 1670). — Jean de Bott quitta la France comme protestant en 1685, se réfugia d'abord en Hollande et suivit Guillaume III en Angleterre. Il était officier, ingénieur et architecte. Jean de Bott eut part à la construction du palais de Whitehall, et quitta l'Angleterre en 1700 pour aller en Prusse.

Louis CHÉRON (né en 1660, mort en 1713). Louis Chéron, frère d'Elisabeth Chéron, était, selon Mariette , un peintre médiocre, mais bon graveur. Il se retira à Londres, après la révocation de l'édit de Nantes, en 1695; mylord Montaigu fut son protecteur. Il fit quelques grands ouvrages au château de ce seigneur, à Bouglton. Il peignit, au plafond du salon, l'Assemblée des Dieux; au plafond de l'escalier, le Jugement de Pâris. Il peignit encore deux plafonds dans ce château. Louis Chéron fit aussi plusieurs grandes peintures dans divers châteaux des environs de Londres .

NICOLAS HEUDE. Ce peintre de portraits, protestant et membre de l'Académie, fut exclu de cette compagnie en 1673 pour s'être établi en Angleterre sans la permission du Roi . Sa biographie et ses travaux en Angleterre nous sont absolument inconnus.

CAMBERT (né en 1628, mort à Londres en 1677). Robert Cambert, surintendant de la musique de la reine Anne d'Autriche, fut le premier musicien français qui composa la musique d'un opéra. En 1669 il obtint avec Perrin le privilége de l'Opéra; mais en 1671, Lulli ayant obtenu ce privilége, Cambert passa en Angleterre (1673), devint maître de la deuxième compagnie des musiciens de Charles II, et fit représenter à Londres son opéra d'Ariane, joué en France en 1661.

LULLI. Si l'on en croit les Mémoires de la marquise de Créqui, Lulli serait l'auteur de l'air national God save the King. Lulli aurait composé cet air pour des paroles françaises destinées à être chantées devant Louis XIV par les demoiselles de Saint-Cyr. Madame de Créqui cite le texte du couplet tel qu'elle l'entendit chanter:

> Grand Dieu, sauvez le Roi!
> Grand Dieu, sauvez le Roi!
> Vive le Roi!
> Que toujours glorieux,
> Louis victorieux
> Voie à ses pieds ses ennemis
> Soumis.
> Grand Dieu, sauvez le Roi!
> Grand Dieu, sauvez le Roi!
> Vive le Roi!

Hændel aurait seulement ajouté quelques variations à cet air célèbre dont il ne se donna jamais, dit-on, pour l'auteur.

Nous devons dire que le savant bibliothécaire de Versailles, M. Le Roi, regarde comme controuvé tout ce que dit sur ce point la marquise de Créqui. La bibliothèque de Versailles possède la collection complète des chants de la maison de Saint-Cyr pour l'entrée du roi, et on ne trouve dans ce recueil aucun air qui ait la moindre ressemblance avec le God salve the King.

PRELLEUR (Pierre). Ce compositeur français se fixa à Londres dans les premières années du XVIII.ᵉ siècle; en 1728, il était organiste à l'église de Saint-Alban. Il fut ensuite claveciniste du théâtre de Goodmanfield; pendant plusieurs années il composa la musique des ballets qu'on y représentait. En 1736, il était organiste de l'église du Christ à Middlesex.

RIGAUD, a fait en 1698 le portrait de mylord Portland et de son fils.

FRANÇOIS DESPORTES (né en 1661, mort en 1743). Desportes, peintre célèbre d'animaux, avait une fort grande réputation en Angleterre où ses œuvres étaient très recherchées depuis qu'il avait fait plusieurs tableaux pour lord Stanhope. A l'époque de l'ambassade du duc d'Au-mont en Angleterre, Desportes obtint du roi un congé de six mois pour faire ce voyage à la suite de ce seigneur. Pendant son séjour à Londres, il fut très considéré et fit plusieurs grands ouvrages pour le duc de Richemond et lord Bolingbroke.

Avant d'aborder l'histoire des origines de la gravure en Angleterre, il nous reste encore à mentionner les noms de quelques peintres qui sont allés exercer leur art dans ce pays. JEAN RAOUX (né en 1667, mort en 1743) ; — MEUSNIER, élève de Largillière, fils aîné de Philippe Meusnier, se fixa en Angleterre, où il mourut ; — CARLE VANLOO (né en 1705, mort en 1765). Il n'a pas été possible malheureusement de retrouver l'indication des œuvres que ces artistes ont faites pour l'Angleterre. — ANTOINE WATTEAU (né en 1684, mort en 1721). Ce grand artiste, dont Mariette appréciait si justement la finesse, l'esprit et la grâce, alla en Angleterre en 1720; il travailla un peu à Londres. L'Angleterre possède du peintre des fêtes galantes presque toutes les œuvres. Longtemps méconnues en France, les peintures de Watteau ont été presque toutes achetées à vil prix par des Anglais . — CHARLES DUPUIS (1685-1742) et NICOLAS-GABRIEL DUPUIS (1695-1771), allèrent plusieurs fois en Angleterre et y firent différents ouvrages que l'on ne cite pas .

Gravure. — Jaloux de profiter des avantages que le commerce français retirait de la vente des estampes, les Anglais résolurent d'établi chez eux l'art du graveur en taille-douce que l'on connaissait à peine en Angleterre, presque tous les graveurs de ce temps ne s'occupant en effet que de la manière noire. On fit venir un certain nombre de graveurs de la France, où la gravure avait atteint, sous Louis XIV, une perfection qui n'a pas été dépassée, et où les grandes traditions de François Poilly, d'Etienne Baudet, de Claudia Stella, d'Edelinck, de Nanteuil, de Pierre Drevet et de Gérard Audran, le chef de l'école française, étaient encore vivantes.

NICOLAS DORIGNY (mort en 1746. — Elève de Gérard Audran), fut appelé en 1711 en Angleterre ; cet habile artiste est le premier qui fit de la gravure d'histoire dans ce pays; il y resta treize ans pendant lesquels il grava les cartons de Raphaël conservés à Hamptoncourt.

A son retour en France, en 1725, il fut chargé par les Anglais de faire dessiner par des peintres français une suite assez considérable de compositions allégoriques en l'honneur des grands hommes de l'Angleterre. Ces dessins, de format grand in-folio, furent exécutés par CARLE VANLOO et BOUCHER. Dorigny en a gravé deux d'après Vanloo, en 1736 et 1737; les autres furent gravés par BEAUVAIS, LARMESSIN, COCHIN PÈRE, PHILIPPE LE BAS et AUBERT.

Les Anglais tirent encore graver à Paris plusieurs grandes compositions de peintres et dessinateurs italiens. Les artistes que nous venons de nommer et LAURENT CARS, NICOLAS-HENRI TARDIEU, CLAUDE DUFLOS et BERNARD LÉPICIÉ firent ces diverses estampes.

Dorigny ne fut pas le seul graveur qui alla en Angleterre; après lui, BARON, FRANÇOIS ALIAMET, GRAVELOT D'ANVILLE, surtout LEMPEREUR, graveur d'histoire, et VIVARÈS. fameux paysagiste, tous les deux élèves de Le Bas, allèrent exercer l'art de la gravure à Londres.

Vivarès se fixa dans cette ville où il mourut en 1782 . Vivarès savait unir, avec la plus rare intelligence, l'eau forte, le burin et la pointe sèche; c'est par ce procédé qu'il a donné à ses paysages la légèreté, la chaleur et la transparence qu'on admire dans ses estampes. Il fit de nombreuses et belles gravures d'après le Poussin, Le Guaspre et Claude Lorrain.

L'Angleterre doit à ses exemples ses meilleurs artistes dans le genre de la gravure du paysage; le célèbre Woo-LETT entre autres fut son élève.

En 1754, on avait fondé à Londres la société pour l'encouragement des arts, des manufactures et du commerce. Cette société, créée et richement dotée par la noblesse et le haut commerce, envoya à Paris quelques jeunes gens, THOMAS MAJOR, INGRAM, RYLAND, ROBERT STRANGE, qui furent élèves de Le Bas, graveur le plus renommé de ce temps.

Ryland et Robert Strange sont devenus des artistes célèbres; ces deux hommes, avec Ingram, Birne et Vivarès, créèrent l'école de gravure anglaise; le gouvernement et la société d'encouragement accordèrent une protection efficace aux graveurs anglais, et nos estampes furent frappées par des droits de douanes qui équivalaient à une véritable prohibition .

Plusieurs français continuèrent cependant à graver en Angleterre. Entre autres nous citerons GABRIEL HUQUIER .

LOUIS-FRANÇOIS ROUBILLIAC (né à Lyon, mort à Londres en 1762, — second grand prix de 1730). Roubilliac, élève de N. Coustou, fut un sculpteur célèbre dont l'Angleterre possède toutes les œuvres. Lord Chesterfield disait de lui qu'il était vraiment un statuaire, et que les antres n'étaient que des tailleurs de pierre. Ce fut Edouard Walpole qui mit en lumière le talent de Roubilliac en lui faisant faire les bustes qui ornent le collége de la Trinité à Dublin.

Le nombre des œuvres de Roubilliac est très considérable; voici la liste de celles que nous avons pu retrouver.

A Westminster: le monument du duc d'Argyle; c'est un modèle d'expression et de grâce; — le tombeau de lady Nightingale; son époux essaie de la défendre contre la mort, représentée par un squelette d'une exactitude anatomique fort admirée en Angleterre. Aux jardins du Vauxhall: la statue de Hændel, regardée comme son chef-d'œuvre. Au collége de la Trinité, à Cambridge: la statue de Newton, extrêmement appréciée en Angleterre. — Roubilliac a fait beaucoup d'œuvres remarquables à Cambridge; on cite la statue du chancelier de cette université. — A Christ-Church, à Oxford, statue de Locke; — à Gopsal, statue de la Religion. — On cite encore de Roubilliac, mais sans indiquer le lieu où se trouvent ces ouvrages, le monument du duc et de la duchesse de Montaigu; les statues de Georges Ier et de Georges II; une statue de l'Eloquence; le buste admirable du docteur Mead.

Roubilliac était un artiste plein d'imagination, d'élégance. d'expression, mais quelquefois un peu maniéré, comme son maître. Il introduisit, avec Rysbrach, la manière française en Angleterre; il y eut une réputation très considérable et méritée .

CHARLES LABELYE (François) «a été un excellent in-
«génieur que les Anglais avoient attiré chez eux, et qui
«leur a bâti le pont de Westminster en se servant de

«moyens qui ont rendu facile une opération qui avait ef-
«frayé jusqu'alors et qu'on avait même regardée comme
«impraticable, vu l'extrême largeur de la Tamise dans
«l'endroit où ce pont est assis, et les inconvénients de la
«marée qui s'y fait sentir. Il est venu mourir à Paris se
«plaignant beaucoup des Anglais... Sa mort a dû arriver
«aux environs de 1750.»

La naissance de Labelye est assez douteuse; Mariette croit qu'il était né en Bourgogne; M. Pichot le regarde comme Français. Grosley en fait un Flamand; Mariette cite aussi, dans ses notes si précieuses, un journal suisse qui prétend que Labelye était né à Vevay.

Architecture. — Sous Georges II, le goût de l'architecture française se répandit en Angleterre; RIPLY construisit le château de Houghton, et KENT le château de Holkham bien plus dans le style français que d'après le goût de Palladio, selon la remarque de Dallaway ; et ces édifices célèbres ont exercé une influence très marquée sur l'architecture anglaise de cette époque.

JEAN-BAPTISTE VANLOO (né en 1684, mort en 1745). — J.-B. Vanloo passa en Angleterre en 1737 et y resta deux ans. Il y retourna en 1742 ; mais le climat le rendit malade et l'obligea de revenir en France.

La réputation de Vanloo fut établie en Angleterre par le portrait de Walpole. Dès que les courtisans eurent vu ce portrait, ils se firent inscrire sur le catalogue de Vanloo, qui se trouva surchargé d'ouvrage. Vanloo fit un très grand nombre de portraits, entre autres, ceux du prince et de la princesse de Galles. La vogue qu'eut cet artiste fort habile lui fit gagner 300,000 livres.

SERVANDONI (né à Lyon en 1695, mort en 1766). — Servandoni alla à Londres en 1749; il y dirigea la fête donnée à l'occasion de la paix.

Académie d'Edimbourg. — Le duc Hamilton fonda, en 1754, l'Académie d'Edimbourg sur le modèle de celle de Paris.

LOUIS-MICHEL VANLOO alla à Londres en 1764, et en revint en 1765.

Académie Royale. — Georges III, très ami des arts, fonda en 1769 une Académie sur le modèle de l'Académie de Paris, qui a servi de type à toutes celles qui se sont établies en Europe au XVIIIe siècle.

Sous le règne de Georges III, un grand nombre d'artistes français furent appelés en Angleterre et y jouirent d'une grande réputation.

CHARLES-LOUIS CLÉRISSEAU (né en 1722, mort en 1820), — Clérisseau, peintre et architecte, passa en 1771 en Angleterre. «C'est ce qu'il pouvait faire de mieux, dit Mariette; il n'y restera pas comme à Paris les bras croisés.»

PHILIPPE-JACQUES LOUTHERBOURG (né en 1740, mort en 1813 à Londres). — Loutherbourg, élève de Carle Vanloo et de Casanova, fut un peintre de batailles et de sujets champêtres, de paysages et de chasses. Sa réputation a été justement considérable. Diderot s'exprime ainsi, en 1767, sur Loutherbourg: «Grand, très grand artiste
«presque en tout genre, il a fait un chemin immense, et
«d'on ne sait jusqu'où il peut aller.»

«En 1771, Loutherbourg est passé à Londres dans l'es-
«pérance d'y trouver de l'occupation et d'y remplir ses
«poches de guinées, et l'on dit qu'il ne s'est pas trom-
«pé.» Loutherbourg a beaucoup travaillé en Angle- terre; il y a fait des tableaux pour les appartements royaux et pour divers seigneurs, et aussi des décors d'opéras. En 1771, Garrick l'engagea comme directeur de la scène et des décorations à Drury-Lane. En 1781, Loutherbourg fut nommé membre de l'Académie royale des Arts de Londres.

PASQUIER a fait, en 1773, le portrait en émail du roi d'Angleterre.

DE LAGRENÉE fit pour mylord Shelburn, en 1775, deux tableaux représentant la Candeur et la Douceur . — JOSEPH VERNET, en 1775, fit pour le même seigneur un paysage montueux avec le commencement d'un orage (tableau de 8 pieds de large sur 5 de haut) . — JACQUES BARRY (né en 1741 à Cork), peintre d'histoire assez estimé, vint étudier la peinture à Paris . — JACQUES-DENIS ANTOINE (né en 1733, mort en 1801). — Antoine a fourni les plans pour l'exécution d'une maison de plaisance, près de Londres, pour le comte de Findelater .

RAMBERT DUMAREST (né en 1750, mort en 1806), graveur en médailles, passa en Angleterre comme graveur de la belle manufacture établie à Soho, près de Birmingham. Il revint en France après un séjour de deux ans, au commencement de la révolution, et entra plus tard à l'Institut. — JEAN-PIERRE DROZ (né en 1746, mort en 1823), graveur en médailles, alla en Angleterre sous la république, et y obtint la fabrication des monnaies de cuivre. Il revint en France sous le Directoire.

FRANÇOIS-HIPPOLYTE BARTHÉLEMON (né en 1731, mort à Londres en 1808). — Ce compositeur s'établit à Londres en 1766; il y fit représenter son opéra de Pélopidas, qui eut un grand succès. De 1770 à 1774, Barthélemon fut chef d'orchestre du Wauxhall. Il composa pendant cette période le Jugement de Pâris, la Ceinture enchantée, la Fille des Chênes .

PIERRE DANLOUX (né en 1745, mort en 1809). — Ce peintre d'histoire a résidé en Angleterre pendant les premières années de la révolution .

MADAME LEBRUN a séjourné à Londres de 1802 à 1805. Elle y a fait les portraits du prince de Galles, de madame Bering et de lord Byron. Elle avait fait à Naples trois portraits de lady Hamilton qui ont été apportés en Angleterre. Elle avait aussi peint à Rome miss Pitt en Hébé ; on dit que c'est son chef-d'œuvre.

J.-B. ISABEY fit les portraits de lord Steward, du comte Cathcart, de lord Castelreagh et du duc de Wellington, pendant son voyage à Londres, en 1816. Le palais royal d'Angleterre possède de cet artiste: Le fameux tableau du Congrès de Vienne; un autre tableau représentant la revue du Consul ; les portraits en pied de l'empereur Napoléon et de Marie-Louise en costume du sacre .

DAVID (né en 1748, mort en 1825). Le marquis de Douglas possède le portrait en pied de l'Empereur dans son cabinet; ce tableau a été acheté à David 25,000 francs; il en a fait plusieurs répétitions. — GÉRARD a fait, en 1814, le portrait de Wellington; en 1819 et 1825 trois portraits de la comtesse de Jersey; en 1822, le portrait de François-Henri Egerton, comte de Bridgewater.

CHARLES-ETIENNE LEGUAY (né en 1762). Cet habile artiste de la manufacture de Sèvres est l'auteur des belles peintures qui décorent un vase de porcelaine de six pieds de circonférence, et qui représentent Diane triomphant des Amours. Ce beau vase, exposé au Salon de 1825, fut donné par Charles X au duc de Northumberland. — CICÉRI (né en 1782), célèbre peintre décorateur, a exécuté plusieurs décorations pour les théâtres de Londres.

ADOLPHE-CHARLES ADAM (né en 1803). En 1832, Adam s'est rendu à Londres où il a écrit la musique d'un grand ballet pour le théâtre de Covent-Garden. .

DAVID D'ANGERS (né en 1792). L'Angleterre doit à David: le buste colossal en marbre de Jérémie Bentham, à Londres; le buste en marbre de mistress Amélie Opie, femme de lettres, à Norwich.

FRANÇOIS FORSTER (né en 1790), a gravé, en 1846, l'admirable portrait de la reine Victoria d'après Winterhalter. La reine d'Angleterre voulut avoir la gravure de son portrait faite par Forster, après avoir admiré sa belle estampe des trois Grâces .

Cet artiste avait déjà gravé, d'après Gérard, le portrait en pied du duc de Wellington. — ARISTIDE Louis a gravé le portrait du prince Albert, d'après Winterhalter; cette estampe fait pendant à celle de Forster.

PRADIER a sculpté, pour la reine d'Angleterre, Sapho et Médée, deux statues en bronze de demi-grandeur. Il envoie, en ce moment, une statue d'Atalante à l'Exposition de Londres; ce magnifique morceau restera sans nul doute en Angleterre.

HECTOR HOREAU (né en 1801). Horeau a obtenu en 1850, le prix au concours qui avait été ouvert en Angleterre pour la construction du bâtiment de l'Exposition universelle de l'industrie à Londres. Mais la commission des Beaux-Arts, chargée du concours, au lieu de faire exécuter le projet Horeau, a fait construire le monument proposé par M. Paxton, jardinier du duc de Devonshire; c'est le fameux palais de cristal.

HIPPOLYTE BONNARDEL a obtenu, en 1850, le prix proposé par la commission anglaise pour le dessin des médailles qui ont été données en récompense aux exposants. La commission ayant décidé que les médailles seraient gravées en France, M. DOMARD a été chargé de l'exécution de concert avec M. Bonnardel. — M. GAYRARD père, à ce concours, a obtenu une mention honorable.

DANTAN. — La Société des mines et fonderies de zinc de la Vieille-Montagne ayant voulu prouver la possibilité d'appliquer le zinc à la statuaire, a fait exécuter et fondre en zinc bronzé une statue de la reine Victoria, pour l'Exposition de Londres. DANTAN a fait la statue de la Reine, assise et couverte des ornements royaux. Le piédestal, d'un goût nouveau, a été fait sur les dessins de l'architecte Louis LENORMAND, et les ornements sont dus à MM. HARDOUIN père et fils, ornemanistes. La fonte et la ciselure ont été dirigées par M. Victor PAILLARD, habile fabricant de bronze de Paris .

CHAPITRE IV.

CHINE ET INDES.

1.º Chine.

ATTIRET (Jean-Denis), jésuite et peintre, naquit à Dôle le 31 juillet 1702, et étudia l'art de la peinture à l'école de son père, artiste assez obscur. Les grandes dispositions de cet enfant engagèrent le marquis de Brossia à se déclarer son protecteur. Attiret alla à Rome, et se forma à la vue des chefs-d'œuvre des maîtres du XVI.ᵉ siècle et de l'antiquité. De retour en France, il séjourna quelque temps à Lyon, et y peignit quelques portraits qui le firent connaître. A trente ans, il entra dans l'ordre des jésuites; en 1737, la mission de Pékin ayant demandé un peintre, il s'embarqua pour la Chine, où il prit le titre de peintre de l'empereur du céleste empire. On trouve de curieux détails dans une lettre qu'il écrivit en novembre 1743, à M. d'Assaut. «J'ai été reçu, dit-il, de l'empereur de la Chine aussi bien qu'un étranger puisse l'être d'un prince qui se croit le seul souverain du monde; qui est élevé à n'être sensible à rien; qui croit un homme, sur-tout un étranger, trop heureux de pouvoir être à son service et travailler pour lui.» Attiret devait cet accueil à un tableau de l'adoration des rois, que l'empereur Kien-Long trouva admirable. Les jésuites en se servant de l'art, entre autres moyens, pour amener la Chine à la religion et à la civilisation de l'Europe, savaient aussi, dans ce cas, se plier aux usages et aux exigences des Chinois. Voici encore un passage de la lettre d'Attiret. «Quant à la peinture, hors le portrait du frère de l'empereur, de sa femme, des princes et princesses du sang, et de quelques autres favoris et seigneurs, je n'ai rien peint dans le goût européen. Il m'a fallu oublier, pour ainsi dire, tout ce que j'avais appris, et me faire une nouvelle manière pour me conformer au goût de la nation: de sorte que je n'ai été occupé les trois quarts du temps qu'à peindre, ou en huile sur des glaces, ou à l'eau sur la soie, des arbres, des fruits, des oiseaux, des poissons, des animaux de toute espèce; rarement de la figure. Tout ce que nous peignons (avec Castiglione, jésuite italien et peintre) est ordonné par l'empereur. Nous faisons d'abord les dessins; il les voit, les fait changer, réformer comme bon lui semble. Que la correction soit bien ou mal, il faut en passer par là sans oser rien dire.» L'empereur n'aimait pas la peinture à l'huile, à cause du reflet du vernis: le docile jésuite peignit à la détrempe. L'empereur prenait les ombres pour des taches; le peintre n'ombra plus, ou il le fit très légèrement. Les Chinois exigent la reproduction numériquement exacte des poils, des cheveux, des feuilles des arbres; une rapidité capable de produire six portraits par jour; une minutie rigoureuse dans les détails; un fini à user la patience, même d'un Oriental. Attiret, formé à la manière large et vigoureuse des peintres italiens, se plia cependant à tout; il devint même chef des artistes chinois qui terminaient ses nombreux ouvrages, et écouta avec patience les conseils de tous les seigneurs, officiers, eunuques, et autres habitants du palais: conseils bizarres quelquefois, mais souvent d'une grande sagesse. Aussi, de 1753 à 1760, Attiret fut-il tout-puissant auprès de Kien-Long, qui, en vrai François I.er , visitait chaque jour son atelier, devisait avec lui, et prenait plaisir à le voir peindre. Attiret fut créé mandarin (1754); et, par humilité ou par orgueil, il refusa cette éminente dignité. Il fit plus tard une suite de tableaux ou plafonds dans le palais de l'empereur; on en trouve la description dans son éloge par Amiot . Attiret fit aussi, pour la chapelle des néophytes dans l'église de la mission française de Pékin, un beau tableau représentant l'ange gardien; mais, épuisé de travail et de fatigue, il succomba le 8 décembre 1768. L'empereur envoya son neveu savoir le jour de son enterrement, et commanda à son principal eunuque d'aller pleurer sur son cercueil.

Batailles de la Chine. «En 1765, l'empereur de la Chine envoya en France par la Compagnie des Indes des dessins magnifiques de conquêtes pour être gravés par nos meilleurs artistes.» M. de Marigny confia à Cochin la direction de la gravure des seize dessins représentant les conquêtes de Kien-Long, empereur chinois. Les auteurs des dessins étaient les PP. Attiret, J.-J. Damascenus, Jos. Castilhoni et Ignatius Sichelbarth. Huit graveurs travaillèrent à cette collection, terminée en 1774; ce sont: L.-J. MASQUELIER, J. ALIAMET, J.-P. LE BAS, SAINT-AUBIN, F. DE NÉE, B.-L. PREVOST, P.-P. CHOFFART, N. DE LAUNAY.

2.° Indes.

CASANOVA, descendant des peintres de ce nom, est fixé depuis long-temps à Calcutta, où il fait du portrait.

CHAPITRE V.

DANEMARCK.

RIGAUD a fait en 1691 et en 1693 deux portraits du prince royal de Danemarck.

ABRAHAM-CÉSAR LAMOUREUX. Ce sculpteur, dont la biographie nous est inconnue, fit en 1688, à Copenhague, une statue équestre de Christiern V, en plomb doré. Le piédestal est orné de quatre figures allégoriques représentant la Magnanimité, la Gloire, la Sagesse et la Force.

Artistes français employés par Frédéric V. — SALY (JACQUES-FRANÇOIS-JOSEPH), né à Valenciennes en 1717, mort en 1776, le 4 mai, élève de Coustou, grand prix en 1738. — Saly résida en Danemarck de 1754 à 1775; il ne fut de retour à Paris qu'en 1776. Pendant ce long séjour, il fit la statue équestre de Frédéric V que les Etats de Norwège firent élever à ce prince à Copenhague. Le roi de Danemarck est représenté en triomphateur romain, tenant un bâton de commandement; à droite et à gauche du piédestal sont les statues du Danemarck et de la Norwége, devant et derrière l'Océan et la Baltique. Cette statue fut coulée en bronze par le célèbre fondeur français GOR, commissaire des fontes de l'arsenal, qui fut appelé à Copenhague.

Le roi ayant décidé, en 1738 qu'une Académie de peinture et de sculpture serait établie, et l'institution étant en fonction en 1754, Saly en fut nommé directeur.

JARDIN (NICOLAS-HENRI), (né en 1728, mort en 1802. Jardin, grand prix d'architecture de 1744 et membre de l'académie d'architecture de Paris, fut appelé par Frédéric V en 1754: il resta dix-huit ans en Danemarck. Son œuvre principale est le Temple de Copenhague: «C'est une rotonde plus grande que notre dôme des Invalides... Elle est toute construite en marbre blanc tiré des carrières de Norwège; les bases, les chapiteaux corinthiens et autres ornements seront de bronze doré... .» Ce monument fit à Jardin une grande réputation; aussi Bachaumont s'exprimait en ces termes sur son compte en 1777:» M. Jardin, architecte peu connu en France, mais plus renommé dans le Nord pour une église qu'il a construite à Copenhague.»

TOCQUÉ (Louis), né en 1696, mort en 1772. Louis Tocqué, peintre de portraits, membre de l'Académie, qui avait acquis à Saint-Pétersbourg une certaine réputation, fut appelé en Danemarck; il s'y rendit deux fois, en 1759 et en 1769 . Il fit les portraits en pied du roi, de la reine et des membres de la famille royale. Il eut le titre d'associé de l'Académie de Copenhague.

En 1765, un Français, LECLERC , était premier peintre du roi de Danemarck; il est fâcheux que le nom de cet artiste soit inconnu en France. — Cette même année, PAJOU exposait au salon, le modèle d'une pendule, de quatre pieds de hauteur, destinée au roi de Danemarck. Le sujet est le génie du Danemarck, protecteur de l'agriculture, du commerce et des arts. — BOUCHER fit aussi pour le même souverain quatre tableaux représentant les poèmes épique, lyrique, dramatique et pastoral .

Artistes modernes. — Depuis Frédéric V, nos artistes ont été peu employés en Danemarck; nous ne connaissons que DAVID (d'Angers) qui ait envoyé à Copenhague le buste colossal en marbre de Berzélius, et COURT qui a fait les portraits du roi et de la reine de Danemarck pendant la cérémonie du couronnement .

CHAPITRE VI.

ESPAGNE ET PORTUGAL.

1.º Espagne.

Le style français paraît avoir été apporté d'abord en Catalogne par les Normands (XI.ᵉ et XII.ᵉ siècles), qui vinrent au secours des chrétiens catalans, et qui, fixés dans ce pays, rivalisèrent avec leurs compatriotes de France, d'Angleterre et d'Italie, pour le luxe des constructions.

Ce style se répandit ensuite dans les Castilles sous le règne d'Alphonse VI (1072-1109), dont la femme était Française, dont le primat était un moine de Cluny, et dont le gendre était Raymond de Bourgogne. Ce Raymond employa à la construction de la cathédrale d'Avila divers artistes étrangers. Les murs de cette ville furent construits par un Romain, Cosandro, et par un Bourguignon, FLORIN, de 1090 à 1099.

Un grand nombre de prélats, moines et artistes français, favorisés par les relations que les croisés français avaient établies entre leur patrie et l'Espagne, allèrent au-delà des Pyrénées exercer leur art et élever de nombreux monuments. Ainsi, en 1118, Oldegan, prélat normand, commença la cathédrale de Tarragone. — L'évêque Jérôme, né à Périgueux, construisit les cathédrales de Zamora et de Salamanque.

Les Templiers propagèrent aussi le style roman français en Espagne; ils construisirent les églises fortifiées de Toro, de la Madeleine à Zamora, de Mansanara, près de Zamora.

Vers la fin du XII.ᵉ siècle et au commencement du XIII.ᵉ, on voit apparaître le style de transition entre le roman et le gothique au monastère de Santa-Maria de las Huelgas. Ce monument semble avoir été bâti sous l'influence française, tant le style, la forme des baies et des piliers, etc., ont d'analogie avec ce qui se construisait alors en France. On trouve même sur les murs de l'église des marques d'appareil ou de tailleurs de pierres absolument semblables à celles qui se voient sur les murs des cathédrales françaises, notamment à Reims.

Au XIIIe siècle, l'architecture ogivale est florissante et partout employée; son introduction et sa propagation sont dues aux relations avec la France et aux grandes Croisades que firent alors les Français en Espagne. La cathédrale de Burgos a sur-tout la plus grande ressemblance avec les églises françaises du XIIIe siècle; la rose du sud et l'ornementation de tout l'édifice sont évidemment de style français. Les vitraux de la rose du sud (les seuls qui soient conservés) et les sculptures, ont un caractère tout français; ce sont les mêmes sujets que chez nous.

La situation géographique de Burgos sur la grande route de France en Espagne et au nord de ce pays, les caractères français de sa cathédrale, sa date, tout nous porte à croire que le monument dont nous venons de parler est très probablement l'œuvre d'un Français, et l'un des plus anciens ou le plus ancien même de style gothique bâti en Espagne.

Verriers français1418-1560). — Après les architectes, les verriers. Pendant le gouvernement du cardinal Ximénès, sur-tout, un grand nombre de verrières furent peintes par des artistes français, alors sans rivaux dans ce genre de peinture, à Tolède, à Séville, Léon, Burgos, Barcelone. Les noms de ces artistes sont: PEDRO FRANCÈS, VASCO DE TROYA, JUNZE DE BORGOGNA. Ces verrières sont de la plus grande beauté.

PHILIPPE DE BOURGOGNE, architecte et sculpteur sur bois, l'un des plus grands artistes du XVIe siècle, a bâti le centre de la croisée de la cathédrale de Burgos (coupole surmontée d'une tour), et l'a orné de ses sculptures. Cette construction est l'une des œuvres les plus magnifiques de la Renaissance. Deux Bourguignons furent aussi employés à ce travail en qualité de maîtres, JUAN DE CASTANEDA et JUAN DE VALLEJO. Philippe a encore, à la cathédrale de Burgos, sculpté la clôture du chœur, achevé en 1536.

On attribue à Philippe de Bourgogne et à Berruguette les trois magnifiques rangées de stalles historiées de personnages qui décorent le chœur de la cathédrale de Tolède.

LOUIS DE FOIX, architecte, né à Paris. Louis de Foix, connu en France par la construction du Phare ou Tour de Cordouan, habita longtemps l'Espagne pendant le règne de Philippe II. «Ce célèbre ingénieur, dit l'historien de Thou, fut l'architecte du palais de l'Escurial et du monastère que Philippe II fit bâtir avec une magnificence vraiment royale.» On ignore malheureusement la part qui lui revient dans la construction de cet immense édifice, auquel tant d'artistes espagnols et italiens ont travaillé.

STELLA. (Jacques), né en 1596, mort en 1657. — Vers 1634, le roi d'Espagne engagea Stella, sur le bruit de sa réputation, à venir en Espagne. Stella ne se décida pas à aller dans ce pays; il fit néanmoins pour Philippe IV plusieurs grands tableaux qu'il composa en France et à Rome.

HOUASSE (René-Antoine), né en 1645, mort en 1710; élève de Lebrun. — Houasse, appelé par le roi Charles II, resta plusieurs années en Espagne; il en revint en 1692, après avoir fait beaucoup de grands ouvrages, que, suivant leur coutume, les biographes se gardent bien d'indiquer.

Epoque de Philippe V. — Philippe V, petit-fils de Louis XIV, devenu roi d'Espagne, introduisit le goût français dans son royaume, il fit venir de France un grand nombre d'artistes pour décorer les monuments qu'il faisait élever. Les principaux édifices construits. dans le style français pendant le règne de Philippe V sont: le palais royal de Madrid et le château de la Granja ou de Saint-Ildefonse; le château d'Aranjuez fut considérablement augmenté et remanié ; on fit, à l'imitation de Versailles, les jardins de la Granja et ceux d'Aranjuez .

Jardins de la Granja. — Philippe V fit faire à la Granja, ainsi que nous venons de le dire, d'immenses jardins semblables à ceux de Versailles et pour lesquels il dépensa plus de 75 millions de piastres. Ce fut en 1719 que l'on commença les travaux, sous la direction de l'architecte THÉODORE ARDEMANS.

Un grand nombre de Français furent employés à la décoration de ce parc magnifique où, comme à Versailles, l'on plaça des statues, et où l'on fit des cascades et des fontaines. Les principaux artistes qui furent employés à ces travaux, sont: MARCHAND qui planta les parterres et les bosquets; ETIENNE BOUTELON, qui planta les jardins; les sculpteurs PITUÉ, DUMANDRÉ, FRÉMIN et THIERRY .

THIERRY (JEAN), né à Lyon, membre de l'Académie de Paris, se rendit à la cour d'Espagne en mai 1721; il en revint en 1728 avec une pension de deux mille livres, et se retira à Lyon en 1736, où il mourut le 21 décembre 1739 .

DESMARETS (HENRI), né en 1662, mort en 1741. Ce compositeur, fort habile, fut maître de la chapelle de Philippe V .

HOUASSE (MICHEL-ANGE), né en 1680, mort en 1730.

Ce peintre a demeuré assez long-temps en Espagne. Il vint à Paris, avec la permission du roi, en 1729 ou 1730, et mourut la même année en retournant en Espagne .»

RANC (JEAN) , né en 1674, mort à Madrid, en 1735. Jean Ranc, peintre de portraits, élève de Rigaud, fut appelé à Madrid en 1724 pour peindre la famille royale; il devint premier peintre du roi d'Espagne, et fit les portraits de Marie-Louise de Savoie, de Philippe V, d'Elisabeth Farnèse, du prince Louis, etc.

VANLOO (LOUIS-MICHEL), né en 1707, mort en 1771. Après la mort de Ranc, Vanloo fut choisi par Rigaud pour remplacer Ranc comme premier peintre du roi. Il vint à Madrid en 1736, et y resta jusqu'à la mort de Philippe V. Vanloo fit le portrait du roi en 1742. Il fut nommé directeur de l'Académie de Peinture et de Sculpture que le roi voulait établir en 1745 à Madrid. Le Musée de Versailles possède l'esquisse d'un tableau de Vanloo représentant Philippe V et sa famille.

FRÉMIN (RENÉ), né en 1672, mort en 1744, élève de Girardon et de Coysevox, grand-prix en 1694, académicien en 1701. «Frémin, sculpteur, passa en Espagne, en 1721.
«Pendant tout le temps qu'il y a demeuré, il a partagé
«avec M. THIERRY tous les ouvrages de sculpture qui se
«sont faits pour le roi d'Espagne», à Madrid, à Saint-Ildefonse et dans les autres maisons royales. Frémin, en 1727, fut nommé premier sculpteur du roi; il obtint des lettres de noblesse, amassa d'immenses richesses, et revint en France en 1738.

BOUSSEAU (JACQUES), né en 1681, à Chavagnac en Poitou, mort en 1740, à Balzaïm en Espagne. Bousseau, élève de Nicolas Coustou, professeur à l'Académie de Paris, fut appelé en 1736 par Philippe V, dont il fut le premier sculpteur, de 1737 à 1740. Il succéda à FRÉMIN, qui était revenu en France, et termina les ouvrages de son prédécesseur, à Saint-Ildefonse et au palais royal de Madrid.

PITUÉ et DUMANDUÉ. — L'Espagne doit à ces deux artistes, dont la biographie nous est complètement inconnue, le beau mausolée de Philippe V à Saint-Ildefonse. Le tombeau est posé sur un piédestal supportant une urne; deux statues sont de chaque côté : la Charité, la

Douleur ; au-dessus, deux médaillons représentant le roi et la reine, couverts d'un voile qu'une Renommée cherche à soulever. Derrière ce tombeau, une pyramide portant les armes d'Espagne soutenues par un ange et un enfant.

Académie de Peinture, de Sculpture et d'Architecture de Madrid. — L'Académie de San-Fernando fut fondée par Philippe V sur le modèle de celle de Paris. Elle fit sa première ouverture, dit Janneck, le 23 juin 1752. C'est cette Académie qui a relevé l'architecture en Espagne ; ce sont des membres de cette Académie qui ont construit le pont sur le Xarama, la douane de Valence, la bourse de Barcelone, l'arc-de-triomphe d'Alcala à Madrid, la manufacture de tabac à Séville.

MARQUET. — Cet architecte était employé par le roi d'Espagne en 1765, selon Patte ; c'est le seul renseignement que nous ayons sur cet artiste.

VERNET (Joseph). — En 1782, Vernet peignit tous les panneaux d'un cabinet à l'Escurial. Le roi Charles IV lui avait envoyé les dimensions de ces panneaux qu'il fit à Paris.

ANTOINE (Jacques-Denis), né en 1733, mort en 1801. — Cet architecte a fini, à Madrid, le palais du duc de Barvick avec de grands changements.

SIMON. — Ce graveur en pierres fines, d'un assez grand talent, a exercé son art en Espagne.

GIRODET exécuta, en 1799, les Quatre-Saisons pour le roi d'Espagne.

Madame GUIBAL, née à Toulouse en 1781, nièce et élève de Joseph BOUTON, peintre de Charles IV et peintre en miniature. Madame Guibal se rendit en Espagne en 1807. Elle fit pour la Reine Marie-Louise une miniature représentant la déesse de la Beauté répandant des fleurs sur les attributs des Beaux-Arts (0, 20 sur 0, 15). En 1808, elle exécuta pour le roi Ferdinand VII la copie du portrait en pied de l'empereur Napoléon d'après Gérard (0, 39 sur 0, 28).

Madame THIBAULT a peint le portrait de Ferdinand VII et de la reine Marie-Isabelle-Françoise. Ces portraits ont été gravés par Dieu en 1817; l'encadrement de ces gravures est de la composition de Percier.

CHARDIGNY (Pierre-Joseph), né en 1794 à Aix, élève de Cartellier et de Bosio. — Chardigny a exécuté, en 1831. la statue en bronze du roi d'Espagne pour Barcelone (10 pieds), et la répétition de la même figure pour Grenade en 1835.

Martinez, graveur espagnol, est venu, en 1850, se perfectionner à Paris. Il y a quelque temps il n'existait pas, dit-on, un seul graveur en Espagne.

2.° Portugal,

Nous n'avons sur le Portugal que peu de faits à indiquer.

NOCRET (mort en 1671). En 1657, Louis XIV l'envoya en Portugal faire le portrait de l'infante Catherine qui devint reine d'Angleterre. Nocret partit de France avec M. le marquis de Comminges, ambassadeur à Lisbonne; il y fit aussi les portraits du roi Alphonse VI et de l'infant don Pedro, depuis roi de Portugal. Le roi, pour le récompenser, lui fit présent de cinq cents pistoles et d'une chaîne d'or accompagnée de sa médaille.

RANC fut envoyé d'Espagne en Portugal pour peindre la famille royale. — Louis-Michel VANLOO fit le portrait du marquis de Pourbalio, ministre du roi de Portugal. Le fond de ce tableau est de Vernet; il a été gravé par Beauvarlet, qui a exposé cette estampe en 1773.

CHAPITRE VII.

GRÈCE ET PAYS DU TURC.

§ 1. Epire.

Les Normands des Deux-Siciles, après avoir gagné sur les Grecs la bataille de Dyrrachium, en 1081, s'établirent dans l'Épire (Albanie). Georges Castriot, si célèbre sous le nom de Scanderberg, possédait encore au XV.ᵉ siècle, dans la Haute-Albanie, Croïa, Lissa, Dyrrachium, et était le suzerain d'un assez grand nombre de seigneurs latins de la Haute-Albanie qui, comme lui, descendaient des conquérants normands.

Quelques ruines existent encore dans ces contrées fort peu explorées; elles ont, dit-on, tous les caractères des monuments gothiques; mais la question est encore à traiter.

§ 2. Grèce.

En 1204 les Croisés français firent la conquête de l'empire Grec et s'y établirent. Beaudouin de Flandre et ses successeurs régnèrent à Constantinople pendant un demi-siècle; la maison de Villehardouin posséda la principauté d'Achaïe; plusieurs autres familles françaises régnèrent sur les diverses parties de la Grèce (à Athènes, en Eubée, etc.) qu'elles avaient obtenues en fiefs, lorsque les Croisés se partagèrent entre eux l'empire grec vaincu. Un assez grand nombre de monuments en style gothique ou en style byzantin modifié par le gothique, témoignent encore de la conquête française et de l'importation en Grèce de notre architecture.

L'église de Sainte-Paraskèvi, à Chalcis, est de tous les édifices de cette époque, celui qui a paru à M. Didron avoir le plus de caractères français. C'est une église longue, à trois nefs, à chevet carré, dont le chœur et le sanctuaire sont voûtés. Les voûtes sont à arêtes et les arêtes sont doublées de nervures formées d'un gros boudin, comme dans le roman et le gothique primitif de France. L'ornementation, celle des consoles particulièrement, n'est composée qu'avec la flore française. L'église a un clocher, une rosace à l'occident; bref, tous les caractères de ce monument sont absolument ceux du gothique français du XIIIe siècle, avec quelques détails vénitiens ajoutés çà et là (le lion de Saint-Marc par exemple), soit au 13.e siècle même, soit plus tard.

L'église de Sainte-Paraskèvi de Chalcis n'est pas le seul monument qui atteste d'une façon positive l'introduction du style gothique en Grèce. L'église Chrysopéri à Mistra (aujourd'hui abandonnée) a été construite aussi ou par des Français ou bien sous l'influence de l'architecture française. Elle a une nef longue et un clocher, tandis que les églises grecques ont une nef carrée ou ronde et n'ont jamais de clocher; ses voûtes sont en ogive et sa sculpture a tous les caractères de la sculpture française de cette époque; entre autres détails, on trouve, à l'abside, une fleur de lys en gothique du XIIIe siècle .

Buchon parle, dans son histoire de la principauté française de Morée d'un assez grand nombre de monuments gothiques dûs à des Français ou construits sous leur influence. Il cite:

La Tour carrée des ducs français, à l'acropole d'Athènes; M. Didron croit que cette tour est plutôt vénitienne que Française. — Le Catholicon d'Athènes, bâti au temps de Geoffroy II de Villehardouin, avec des fragments anciens; M. Didron regarde cet édifice comme positivement byzantin et d'une époque antérieure à celle de Geoffroi II.

Le couvent des bénédictins de Daphni, près d'Athènes, où était la sépulture des ducs d'Athènes de la maison de La Roche, et qui a une façade gothique construite par les Français : — Le château des marquis francs de Bodonitza, près des Thermopyles : — Le château des barons francs d'Argos, de la maison d'Enghien (monument plutôt vénitien). — Le château des barons francs de Caritena, en Morée, de la maison de Brières : — Le château de Cala-mata en Morée : — Le couvent de Notre-Dame-d'Isova en Morée, près de l'Alphée ; les ruines de ce couvent sont en pur gothique : — L'abside, en gothique élégant, de l'église ruinée de Sainte-Sophie à Andravida en Morée : — Le château de Khlemoutzi ou Castel-Tornèse, en Morée, bâti par Geoffroy II de Villehardouin : — Les ruines d'un château en Eubée, près d'Achmet-Aga et de Sideroporta : — Les ruines de Beza-Pyrgos en Eubée, près d'Achmet-Aga : — Le château des barons de Carystos en Eubée : — — Le chateau d'Hagia-Marina dans l'ile de Zéa.

Tous ces monuments sont en ruines, et fort dégradés ; cependant on retrouve encore dans tous quelques traces de l'art gothique, l'ogive, les nervures, etc.

Dans ces dernières années, DAVID (d'Angers) a fait pour le monument élevé par les Grecs à Marco Botzaris, à Missolonghi, la statue en marbre d'une jeune fille grecque qui est gracieusemeut couchée sur la pierre funéraire où elle apprend à lire en épelant le nom du libérateur de la Grèce.

§ 3. Smyrne et Constantinople.

HUYOT (Jean-Nicolas) a fait en 1817 un projet pour le palais du consulat de France, à Smyrne; un projet pour la restauration de l'hôpital des marins français, à Smyrne, et pour Constantinople un projet d'hôpital qui a été construit .

§ 4. Rhodes.

Les chevaliers de Rhodes, qui ont possédé cette île pendant les XIII.ᵉ , XIV.ᵉ et XV.ᵉ siècles, étaient presque tous Français. Avec eux l'architecture gothique s'établit à Rhodes; M. Rottier, vice-consul dans cette ville, a recueilli tous les vestiges archéologiques laissés par les chevaliers ; mais ce travail n'a pas encore été publié ; on sait cependant que les hôtels des chevaliers sont tous parfaitement conservés, ainsi que les remparts de Rhodes .

§ 5. Chypre.

Les ruines des monuments élevés par les Français dans ce pays au moyen-âge sont encore extrêmement nombreuses et très belles. «J'ai retrouvé, dit M. de Mas-Lâtrie , dans toutes les provinces de l'île, à Nicosie, à Famagouste, à Limassol, à Cazaphani, à Poli, etc., dans les montagnes du pays de Cérines et du Carpas, comme dans le pays de Paphos, du Mont-Olympe et de la Messôrée, des édifices de la plus pure architecture gothique, des églises, des chapelles, des couvents, des châteaux élevés par nos anciens croisés fixés dans cette île.»

On sait, en effet, qu'en 1192, Guy de Lusiguan devint roi de Chypre, et que l'île resta sous la domination des Français jusqu'en 1475, époque à laquelle elle passa aux Vénitiens.

Les principaux édifices militaires gothiques de l'île de Chypre sont: les châteaux de Cérines, de Limassol et de Paphos; le château de Dieu-d'Amour ou de Saint-Hilarion, résidence royale des Lusignan, le plus grand et le plus beau de toute l'île; les châteaux de Buffavent ou de la Reine, de Kantara, la tour de Kolossi, magnifique édifice; puis les châteaux moins importants et moins bien conservés de Gastria, de Chiti, maison de plaisance des Lusignan, de Potamia, de Sigouri, de Cherokidia, etc.

Parmi les principaux monuments religieux nous citerons:

A Nicosie, — l'ancienne cathédrale (mosquée de Sainte-Sophie), qui a été construite de 1209 à 1228; c'est une église de style ogival élancé, assez semblable à la Sainte-Chapelle de Paris, et dont la décoration, absolument gothique, n'a rien emprunté au style byzantin. M. de Mas-Lâtrie regarde cet édifice comme le type du gothique chypriote.

En effet, quoique semblable dans ses caractères généraux au gothique français, le style chypriote en diffère par quelques détails: par exemple, les toits aigus, les flèches, les clochetons sont remplacés par des terrasses horizontales; l'ornementation est plus sobre, plus sévère, et d'une grande perfection d'exécution.

Les autres monuments gothiques de Nicosie sont: la mosquée de Sainte-Catherine (deuxième moitié du XIIIe siècle); l'église des Arméniens (idem); le grand Bain qui est une ancienne église; l'église de Saint-Nicolas, aujourd'hui transformée en magasin à blé (XVe siècle), etc.

A Famagouste, — la mosquée, ancienne cathédrale de Saint-Nicolas (XIIIe siècle, terminée en 1311) et diverses églises. — Plusieurs églises à Paphos et à Limassol. — La grande abbaye de Lapais, du XIVe siècle.

Le style gothique est encore conservé de nos jours par les Grecs Chypriotes. On a construit récemment une église grecque à Limassol; elle est ogivale. Les réparations faites au couvent de Saint-Mama et de Saint-Georges sont en style ogival. Plusieurs maisons en construction à Nicosie et à Larnaca sont aussi en ogive.

§ 6. Syrie.

Le royaume de Jérusalem, fondé en 1099 à la première croisade, dura jusqu'en 1293. Les Français, fondateurs de ce royaume, y apportèrent leur langue, leurs usages féodaux et leur système architectonique. Un assez grand nombre de monuments civils, religieux et militaires, furent fondés par les Français de Syrie, entre autres, l'église du Saint-Sépulcre à Jérusalem.

De 1250 à 1254, saint Louis fit réparer ou reconstruire les remparts des villes de Palestine qui appartenaient encore aux chrétiens. L'architecte qu'il employa à ces grands travaux fut, dit-on, EUDES DE MONTREUIL, qui fortifia le port de Jaffa.

Le gothique de Syrie, à Beyrouth, à Sidon, à Saint-Jean-d'Acre, à Abou-Gosch, à Ramla, à Jérusalem, est celui du midi de la France; l'arcade large et arrondie domine, et non pas l'ogive élancée du Nord, comme en Chypre.

§ 7. Egypte.

L'influence que la France a exercée en Egypte par le fait de l'occupation de ce pays de 1798 à 1802, s'est continuée sous le règne de Mehemet-Ali.

Parmi les Français appelés par ce prince, COSTE (Xavier-Pascal, né en 1787 à Marseille, nous intéresse particulièrement. Cet architecte-ingénieur fut architecte du vice-roi de 1818 à 1827. Il a construit en Egypte la fabrique de salpêtre, les moulins à poudre de l'île de Rodah, les tours de la ligne télégraphique établie d'Alexandrie au Caire, la forteresse d'Aboukir, le canal El-Mamoudyeh, le nouveau canal du Caire, le canal Scander, le canal de Tantah, un canal dans la province de Baryeh, le canal de Bouyeh et les ponts jetés sur ces canaux.

§ 8. Tunis.

Augustin-Charles d'AVILER, architecte de la province du Languedoc, né à Paris en 1653, mort en 1700, fut envoyé à Rome en 1673. Il fut pris par les pirates et emmené captif à Tunis. D'Aviler y bâtit une mosquée dans la grande-rue. On assure, dit la Biographie universelle, que cet édifice est d'un bon goût d'architecture.

Chapelle Saint-Louis. — En 1840, Ahmed, bey de Tunis, fit don au roi des Français, sur sa demande, du terrain où mourut saint Louis, en 1270, près de la Goulette, à 16 kilomètres de Tunis. Louis-Philippe y fit construire, par M. CHARLES JOURDAIN, une chapelle en style gothique, octogone et à coupole; une statue de saint Louis, en marbre, sculptée par M. EMILE SEURRE, décore l'intérieur. Le 25 août 1843, on y a célébré la fête de Saint-Louis.

CHAPITRE VIII.

ITALIE.

Architecture gothique. La domination des Normands dans le royaume des Deux-Siciles, aux XI.ᵉ et XII.ᵉ siècles, a produit le même résultat que leur domination en Angleterre. Ils apportèrent avec eux le système architectural de leur pays, et, suivant la remarque du duc Serra di Falco, ils ont laissé la trace d'une influence considérable sur les monuments de la Sicile.

L'architecture normande (romane d'abord et ogivale ensuite) se combina en Sicile avec le goût arabe et le style byzantin, et parvint à un admirable développement; le style normand emprunta aux Byzantins les grandes peintures murales en mosaïque, la forme des plafonds, les coupoles, et aux Arabes l'ornementation, dont le roi Roger était si admirateur. Tous ces emprunts donnèrent à l'architecture des monuments normands des Deux-Siciles des caractères particuliers, et, comme on le conçoit, assez différents de ceux des monuuments de la France à pareille époque.

Les plus remarquables des édifices normands, sont:

L'Église de Santa-Maria d'ell'ammiraglio, appelée aujourd'hui la Martorana, à Palerme, construite en 1113 en style roman et aussi en gothique primitif. — L'église de San Cataldo, à Palerme, bâtie de 1112 à 1120. — La Cathédrale de Messine, commencée en 1130 par Roger; c'est l'un des monuments les plus importants dus aux Normands. L'admirable portail de cette église est du XIV.ᵉ siècle; il est en style gothique très pur, et la date de cette magnifique construction prouve que ce style se continuait encore au XIV.ᵉ en Sicile, long-temps après la chûte de la domination française. — La Cathédrale de Cefalu, monument également fort important, de style ogival mêlé cependant de plein-cintre.

L'ancien palais des rois arabes de Palerme, restauré, modifié et agrandi par Roger et les deux Guillaume, devint le palais des rois normands, mais conserva toujours, même dans ses parties nouvelles, les traces de l'architecture arabe. C'est à ce monument qu'appartient l'église de Saint-Pierre, ou chapelle royale du palais, élevée par Roger, de 1132 à 1142, et enrichie de mosaïques par Guillaume I.ᵉʳ. Cette chapelle a une façade de style gothique-arabe, et sa décoration intérieure, de l'époque de Roger, est toute dans le goût arabe.

La cathédrale de Palerme, construite de 1170 à 1185, par un architecte nommé GAUTIER, est célèbre par ses belles mosaïques en carreaux vernissés. — La cathédrale de Monreale, ou Santa Maria Nuova, fut élevée de 1170 à 1180 par Guillaume II. Ce célèbre monument, de style gothique, doit sa réputation à sa décoration gréco-arabe, à ses belles mosaïques grecques qui sont d'un beau dessin et d'une couleur éclatante.

La cathédrale de Bitonto est, avec celle de Ruvo, le plus ancien monument de style gothique primitif que les Normands élevèrent dans la Pouille. Sa date est la fin du XII.ᵉ et le commencement du XIII.ᵉ siècle. Elle présente l'ogive, des galeries en colonnettes, des rosaces, des toits pointus, en un mot tous les traits du style gothique primitif. — Le campanile de la cathédrale de Melfi, construit en 1155 par Roger. — Le tombeau de Bohémond, à Canosa, est un monument de style roman et de décoration byzantine. La porte en bronze du tombeau de Bohémond est fort belle et est l'œuvre d'un artiste normand d'Amalfi nommé ROGER; la décoration de cette porte est de style arabe, sauf les deux bas-reliefs.

— Les portes en bronze de la cathédrale de Troja, sculptées en 1119 par un artiste normand de Bénévent, nommé ODERISIUS, sont remarquables; la petite représente la série des évêques de Troja. — La chaire à prêcher de l'église de Saint-Bazile, construite en 1168, présente de très beaux détails.

Après les Normands, la maison d'Anjou régna à Naples environ deux siècles; il était naturel de penser que ce que les Normands avaient fait pour le roman et le gothique primitif, la maison d'Anjou l'avait fait pour le gothique, c'est-à-dire que ce style avait été introduit dans leurs nouveaux domaines par les rois angevins. En effet, M. Renouvier a parfaitement mis en lumière l'influence évidente de la maison d'Anjou et du style ogival français à Naples. Ce style a une tournure particulière à Naples; il s'y distingue par de grandes qualités et aussi par quelques défauts, de celui qui règne en Italie.

Ce n'est pas seulement à Naples et en Sicile, mais dans tout le reste de l'Italie, que nous retrouvons les traces de l'architecture française.

En 1300, HARDOUIN, architecte français, construisit l'église de Sainte-Pétrone de Bologne, achevée plus tard par Palladio. Vers la fin du XIV.ᵉ siècle, en 1386, PHILIPPE BONAVENTURE, de Paris, fut maître de l'œuvre du dôme de Milan pendant huit ans. En 1399, après Bonaventure, JEAN MIGNOT, de Paris, et JEAN CAMPANOSEN, de Normandie, travaillèrent aussi au dôme de Milan jusqu'en 1402. Le plus magnifique édifice ogival de l'Italie est donc dû à des Français.

JEAN FOUQUET. Ce célèbre peintre et miniaturiste fit, à Rome, de 1431 à 1437, le portrait d'Eugène IV; ce chef-d'œuvre fut placé dans l'église de la Minerve.

JACQUES D'ANGOULÊME. «Maistre Jacques, natif d'Angoulême, l'an 1550, s'osa bien parangonner à Micel l'Ange pour le modèle de l'image de Saint-Pierre, à Rome, et de fait l'emporta lors par dessus luy au jugement de tous les maîtres, même italiens: et de lui encore sont ces trois grandes figures de cire noire au naturel, gardées pour un très excellent joyau, en la librairie du Vatican, dont l'une montre l'homme vif, l'autre comme s'il était écorché, les muscles, nerfs, veines, artères et fibres, et la troisième est un skeletos, qui n'a que les ossements avec les tendons qui les lient et accouplent ensemble. Plus un Automne de marbre que l'on peut voir en la grotte de Meudon, si au moins il est encore, car je l'ai vu autrefois, ayant été fait à Rome, autant prisé que nulle autre statue moderne.»

Il n'y a pas besoin d'insister sur l'importance des faits signalés par Blaise de Vigénère sur cette victoire remportée par Jacques d'Angoulême sur Michel Ange. Je ne peux que déplorer la longue indifférence qui a pesé sur notre histoire artistique, et qui a été poussée à ce point que l'on ne sait rien autre sur l'illustre maître Jacques.

NICOLAS BACHELIER. — Ce sculpteur, de Toulouse, étudia à Florence sous Michel-Ange, et exécuta pour les églises et les palais de Rome de nombreux ouvrages de sculpture que l'Orlandi ne désigne pas.

CLAUDE et GUILLAUME DE MARSEILLE, appelés par Jules II pour orner les fenêtres du Vatican, firent un grand nombre de travaux en Italie, à Cortone, à Arezzo, à Florence, à Pérouse, à Castiglione et à Rome. On cite parmi leurs œuvres: les vitraux de la chapelle du Vatican, de l'église Sainte-Marie-del-Popolo et de Sainte-Marie-dell'-Anima. Guillaume a été le maître de Vasari, et, comme le remarque d'Argens, «ce devait être un bien habile artiste pour avoir tenu école en Italie au temps même des plus grands maîtres.» Guillaume fut aussi le maître de Pastorino di Giovanni Micheli, de Sienne, qui, en 1549, fit une petite rose à la cathédrale de Sienne. — Guillaume mourut à Arezzo en 1537, âgé de 72 ans ; ce fut un des grands peintres de son siècle.

GARAMOND et LEBÉ. — Sixte-Quint fit graver les poinçons pour l'imprimerie de la propagande à ces deux célèbres graveurs français .

RICHARD TAURIGNY, sculpteur de Rouen, du milieu du XVIe siècle, fit en Italie de grands travaux de sculpture en bois; entre autres œuvres, on cite les magnifiques stalles de la cathédrale de Milan, représentant la vie de saint Ambroise et autres archevêques de Milan, et les stalles qui décorent le chœur de l'église Sainte-Justine de Padoue .

JEAN DE BOLOGNE (né à Douai en 1524, mort en Italie en 1608). L'Italie est remplie des plus beaux ouvrages de Jean de Bologne. A Bologne, on trouve la fontaine du Géant, toute en bronze; il n'y a rien de plus vigoureux que le Neptune et de plus séduisant que les Néréides qui entourent le piédestal et pressent leurs seins pour en faire jaillir de l'eau. Florence possède la plus grande partie des œuvres de cet artiste: il y a, à la Loggia-de'-Lanzi, — le groupe de l'enlèvement d'une Sabine, avec le bas-relief du piédestal représentant l'enlèvement des Sabines; — au cabinet des Gemmes, huit bas-reliefs en or, dont l'un représente la place du Grand-Duc; — la statue équestre de Côme Ier, dont le piédestal est orné de trois bas-reliefs; — au Pont-Vieux, le groupe d'Hercule et du Centaure (1600); — à l'Académie des Beaux-Arts, le modèle du groupe de la Vertu terrassant le Vice; — à la collégiale d'Or-San-Michele, une statue de saint Luc; — à l'église du Saint-Esprit, un Christ mort, en bronze; — à l'église de Saint-Marc, presque toute l'architecture intérieure et les deux statues de S. Zanobi et de S. Antonin; — le palais Vecchietti, construit sur ses dessins; — au jardin Boboli, le Neptune de la fontaine de l'Isoletto, aux pieds duquel est le groupe colossal des trois fleuves, le Nil, le Gange et l'Euphrate, couchés dans une immense coupe de granit; — au parc de Pratolino, la statue gigantesque de Jupiter Pluvius (21 mètres), vulgairement désignée sous le nom de l'Apennin; — à la Galerie de Florence, la célèbre statue de Mercure.

A Pise, Jean de Bologne et Pierre de Franqueville sculptèrent quelques compartiments aux portes en bronze du dôme, et tirent trois statues en bronze pour le chœur.

A Lorette, Jean de Bologne a travaillé aux sculptures qui entourent la Santa-Casa; — à la cathédrale de Bolsène, il a fait la statue de saint Mathieu; — à la cathédrale de Lucques, trois statues, le Christ ressuscité, saint Pierre, saint Paul; — au palais de l'Université de Gênes, six Vertus en bronze: la Foi, l'Espérance, la Charité, la Justice et deux autres.

Jean de Bologne est l'auteur de la statue équestre, en bronze, de Henri IV, envoyée par le grand-duc de Toscane à Marie de Médicis en 1614. Pietro Tacca acheva cette statue, et Pierre de Franqueville fit le piédestal et le décora de quatre bas-reliefs et de statues. Jean de Bologne fut le chef d'une nombreuse école; ses principaux élèves sont Pietro Tacca et Pierre de Franqueville.

PIERRE DE FRANQUEVILLE, né à Cambrai en 1548. étant allé en Italie, s'attacha à Jean de Bologne avec lequel il travailla pendant plusieurs années à Florence, à Gênes, à Pise, où il laissa un grand nombre de beaux ouvrages. Les statues de la chapelle de Niccolini de Sainte-Croix de Florence; les deux statues en marbre de Jupiter et de Janus, à l'escalier du palais Brignole, à Gênes, sont de Franqueville. «En 1588, il était encore à Florence, dit Mariette; il y fit dans cette année deux statues pour la magnifique entrée de Christine de Lorraine dans cette ville.» En 1601, Franqueville fut rappelé par Henri IV, qui lui donna le titre de premier sculpteur du roi.

Musiciens français.

On trouve un très grand nombre de compositeurs français établis en Italie, au milieu du XVI.ᵉ siècle. Plusieurs, Goudimel entre autres, y fondèrent d'importantes écoles, qui ont exercé une influence évidente sur la musique italienne.

Avant de nous occuper des compositeurs du XVI.ᵉ siècle, il faut d'abord parler d'ADAM DE LA HALLE, dit le Bossu-d'Arras, né vers 1240, qui se fixa à Naples après l'établissement de Charles d'Anjou. Adam paraît avoir composé à Naples, vers 1285, pour le divertissement de la cour, le Jeu de Robin et de Marion, opéra-comique, le plus ancien qui ait été composé.

Si nous reprenons l'histoire de nos compositeurs du XVI.ᵉ siècle, nous trouvons que BIDON, compositeur français, fut aussi chanteur à la chapelle pontificale sous Léon X.

LÉONARD BARRÉ, contrapuntiste, né à Limoges, était chanteur à la chapelle pontificale en 1537. Il fut un des chanteurs apostoliques envoyés par le pape au concile de Trente (1545) pour donner leur avis sur ce qui concernait le chant et la musique d'église. Presque tous ces chanteurs sont des Français; ce sont: LÉONARD BARRÉ, JEAN LE CONT, JEAN MONT, ANTOINE LOYAL, IVON BARRY. Il est inutile d'insister sur ce fait; il suffit de l'indiquer pour montrer quelle influence exerçaient en Italie nos compositeurs et nos chanteurs. Léonard Barré est l'auteur de messes et de motets conservés manuscrits à la bibliothèque de la chapelle pontificale.

ROBIN, compositeur et excellent chanteur, était en 1539 maître des enfants de chœur de la chapelle pontificale. De 1545 à 1549, Robin était maître de chapelle à Saint-Jean-de-Latran. En 1550 et 1551, il fut maître des enfants de chœur du Vatican.

Le plus célèbre de tous ces artistes est CLAUDE GOUDIMEL, né vers 1510. Il s'était fixé à Rome un peu avant 1540, et y avait établi une école de musique d'où sont sortis les plus illustres compositeurs italiens de l'époque, entre autres Nanini, Palestrina, Al. Merlo, Et. Battini, Jean Animuccia. Cette école de Goudimel fut la première école régulière qui ait été instituée en Italie. Goudimel revint en France en 1555; il fit en 1562 la musique des Psaumes traduits en français, se fit calviniste, et fut massacré à Lyon en 1572.

A l'époque de Goudimel, les meilleurs musiciens des principales chapelles de l'Italie étaient Français et Belges. Nous trouvons, en effet: FRANÇOIS ROUSSEL (Rosselli), compositeur fort estimé, maître des enfants de chœur de la chapelle pontificale, de 1548 à 1550, et en 1572, maître de chapelle à Saint-Jean-de-Latran:

NOEL BAUDOIN, contrapuntiste, chanteur à la chapelle pontificale, auteur de messes manuscrites conservées dans les archives de cette chapelle: — SIMON BOYLEAU, compositeur, auteur de diverses œuvres, motets, madrigaux, publiés à Venise en 1544 et 46: — NICOLAS PERUÉ ou PERVÉ, compositeur lyonnais (mort en 1587), était en 1581 maître de chapelle de Sainte-Marie-Majeure à Rome .

Malte.

L'ordre des chevaliers de Malte comprenait un grand nombre de membres français. La somptueuse église de Saint-Jean est remplie de peintures, de sculptures, de dalles historiques et de tombeaux importants dont une bonne partie est d'origine française .

MARTIN FRÉMINET (né en 1564, mort en 1619). — Fréminet resta seize années en Italie (1587-1603); il passa sept ans à Rome et le reste à Venise et dans quelques autres villes. Entre autres ouvrages qu'il fit à Rome, il peignit en grisaille la façade d'une maison. Il alla ensuite en Savoie où le duc remploya à peindre dans son palais plusieurs ouvrages considérables que ses biographes n'indiquent pas.

JACQUES BLANCHARD (1600-1638) fit pour le même souverain les Amours de Vénus et d'Adonis, en huit morceaux; il peignit aussi à Venise plusieurs tableaux qui y sont encore conservés.

NICOLAS CORDIER LORRAIN, dit IL FRANZIOSINO «a exécuté la statue de bronze de Henri IV qui est à Saint-Jean-de-Latran, et dont il y a une estampe gravée par Lemercier. On voit aussi de lui dans l'église de la Minerve et dans la chapelle de la famille Aldobrandini une statue de marbre d'une Charité qui est un beau morceau.» Ce sculpteur a vécu à Rome sous les papes Clément VIII et Paul V, et est mort en 1612.

JEAN MONNIER, verrier, fut emmené, au commencement du XVII.e siècle, à Florence et à Rome par l'archevêque de Pise. M. Langlois, qui mentionne cet artiste, ne dit point quelles sont ses œuvres.

JACQUES CALLOT (né en 1593, mort en 1635). — Notre célèbre graveur résida à Florence de 1608 à 1620. Le grand-duc Côme II, qui avait appelé auprès de lui les artistes célèbres de toutes les nations. Jacques Stella, entre autres, honora Callot d'une estime toute particulière, et le chargea d'exécuter diverses pièces à la gloire de sa maison. Callot a exécuté en Italie la grande et la petite Foire de Florence, le Trattato delle Piante di Terra-Santa et les Varie Figure gobbi.

JACQUES SARRAZIN (né en 1590, mort en 1660) demeura dix-huit ans à Rome, de 1610 à 1628. Le cardinal Aldobrandini, neveu de Clément VIII, l'employa pour la décoration de sa vigne à Frascati; il y exécuta un Atlas et un Polyphème qui jettent de l'eau; ces deux statues, en pierre, sont d'un bel effet. Sarrazin fit à Frascati la connaissance du Dominiquin, qui avait un grand goût pour la sculpture, et il fit plusieurs ouvrages sur les modèles du Dominiquin. Parmi les œuvres faites par les deux artistes associés, on peut citer deux Termes de stuc qui accompagnent un tableau du Dominiquin dans l'église S.-Lorenzo in Miranda . Dandré-Bardon, en parlant des ouvrages de Sarrazin, dit que ce sont les plus beaux morceaux de sculpture qui se trouvent à Rome.

LE VOUET (né en 1582, mort en 1648). — Le Vouet resta en Italie de 1613 à 1627. Il résida d'abord à Venise où il étudia les grands coloristes de cette ville; il se rendit ensuite à Rome, se forma à l'école du Guide, et fit à la chapelle des chanoines à Saint-Pierre du Vatican un tableau magnifique, dit Mariette, représentant saint Jean-Chrysostôme, saint François d'Assise et saint Antoine de Padoue; ce tableau a été détruit par le temps. Le Vouet a fait une Cène pour l'église de Lorette; il peignit aussi plusieurs cardinaux et fit le portrait du Pape. En 1620, il fut appelé à Gênes par les princes Doria dont il décora les palais. L'église Saint-Ambroise de Gênes possède un Christ en croix et un saint Jean du Vouet. En 1622 il revint à Rome, et en 1627, selon Mariette, il était à Venise. Rome possède encore du Vouet un saint Fabien et les Trois Ages.

JEAN LEMAIRE (1597-1659) se rendit à Rome en 1613, et s'y distingua par de grands ouvrages à fresque. Il revint à Paris en 1623. Lemaire fit pour Richelieu de très beaux ouvrages de perspective, et retourna à Rome où il travailla quelque temps sous Nicolas Poussin .

COLIGNON (1621-1671), graveur, était en Italie en 1640. Il a gravé les bâtiments de Rome sous le pontificat de Sixte-Quint, une vue de Florence et la ville de Malte avec ses anciennes fortifications. Tous ces ouvrages sont fort précieux pour l'histoire des arts.

NICOLAS DE BAR. connu en Italie sous le nom de signor Nicoletto. Ce peintre, qui descendait, dit-on, de la famille de Jeanne d'Arc, habita Rome toute sa vie, Il excellait à peindre les Vierges et eut une très grande réputation .

JACQUES STELLA (né en 1596, mort en 1657). — En 1616, à l'âge de vingt ans, Jacques Stella était déjà employé par le grand-duc de Toscane Côme II, qui avait distingué son mérite. Il fit plusieurs tableaux pour ce prince et resta sept ans à son service. En 1623, Stella se rendit à Rome, y fit plusieurs tableaux et une suite de dessins pour le bréviaire d'Urbain VIII. Emprisonné, Stella dessina avec un charbon une Vierge sur le mur de son cachot; D'Argenville dit que de son temps encore les prisonniers tenaient une lampe allumée devant cette superbe figure. Stella revint en France en 1634. A son passage à Milan, on voulut le faire directeur de l'Académie de Peinture.

FRANÇOIS PERRIER (mort en 1650), peintre d'histoire, l'un des fondateurs de notre Académie de Peinture, fit plusieurs ouvrages au palais du cardinal d'Este, à Tivoli. Il revint en France en 1630 .

CLAUDE VIGNON (né en 1594, mort en 1670). — Le prince Ludovisio, neveu de Grégoire XV, proposa un prix à plusieurs peintres qu'il choisit pour les faire travailler sur des sujets différents. Vignon eut ordre de représenter les Noces de Cana et remporta le prix. Ce tableau est encore au palais Ludovisio (1690)» .

CHARLES d'OFFIN, dit LE CHEVALIER DAUPHIN. — Cet élève du Vouet, peintre d'histoire et de portraits, travailla depuis 1664 à Turin au service du prince de Carignan; plusieurs de ses tableaux, encore très estimés, sont conservés à Turin.

MICHEL ANGUIER (né en 1614, mort en 1686), resta à Rome de 1641 à 1651. Il fit d'abord, sous la conduite du signor Alguardi, de grands bas-reliefs de dix pieds de haut qu'on voit à Sainte-Marie-Majeure. Il travailla aussi pour l'église de Saint-Pierre et pour les palais de quelques cardinaux dont on n'a pas conservé les noms .

LE POUSSIN (né en 1594, mort en 1665), fut amené à Rome par le poète Marini, ami du pape Urbain VIII. Notre grand artiste séjourna quarante-et-un ans à Rome, de 1624 à 1665, sauf les deux années (1640-42) pendant lesquelles il résida à Paris.

Le Poussin se lia, à Rome, avec le sculpteur Duquesnois, avec l'Algarde, le Dominiquin, le Valentin, Jacques Stella; il tint à la villa Médicis une véritable école où ces artistes, ainsi que Mignard, le Guaspre, Claude Lorrain, Lebrun, et beaucoup d'autres encore, reçurent ses leçons ou au moins ses conseils. Le pape Urbain VIII (1623-44) protégeait cette colonie d'artistes français, dont l'influence sur l'Italie fut si considérable. En effet, la peinture italienne était alors en pleine décadence; ses représentants étaient Pietre de Cortone, le Caravage, le Guide. Le Dominiquin, le dernier des grands peintres italiens, était incompris et repoussé. Le Poussin prit sa défense et ramena enfin l'admiration sur les œuvres de son ami; il lutta contre la décadence, contre le mauvais goût, et releva l'art italien par ses leçons et sur-tout par ses œuvres.

Rome possède encore un grand nombre de tableaux du Poussin, qui fit dans cette ville presque tous ses ouvrages. — On trouve à la galerie du Vatican: le Martyre de saint Erasme, exécuté en mosaïque, à Saint-Pierre; — au palais Barberini, la mort de Germanicus; un Triomphe de Bacchus et d'Ariane; — au Capitole, un Triomphe ou Empire de Flore; — au palais Colonna, le Sommeil des Bergers; l'Ange dictant l'Evangile à saint Mathieu; un Apollon et Daphné changée en laurier; plusieurs paysages peints à fresque; — au palais Corsini, le Sacrifice de Noé ; — au palais Doria, une copie de la Noce Aldobrandine; la Naissance d'Adonis; — au palais Rospigliosi, un portrait du Poussin; — au cabinet Albani, le dessin d'une Minerve; — à la bibliothèque du cardinal Massimi, les dessins du poème d'Adonis .

LE GUASPRE ou DUGHET, né à Rome, de parents français, en 1613, mort en 1675. — Le Guaspre, beau-frère et élève du Poussin, fut un peintre de paysage fort distingué. A l'église de Saint-Martin-de'-Monti, le Guaspre peignit à fresque une suite de paysages dont Nicolas Poussin fit les figures. Presque tous les palais de Rome renferment des œuvres de ce maître.

CLAUDE GELLÉE dit LE LORRAIN, né en 1600, mort en 1682. Ce grand paysagiste se fixa à Rome en 1630; il y devint l'ami du Poussin. Son admirable talent fut bientôt apprécié ; Urbain VIII, Clément IX, Alexandre VII, les princes et les cardinaux lui firent faire un grand nombre de tableaux dont l'Italie possède encore la plus grande partie. Les plus beaux paysages de Claude Lorrain sont à Rome, au palais Borghèse et au palais Doria; c'est dans ce dernier palais que se trouve le fameux tableau du Moulin.

PIERRE MIGNARD (né en 1610, mort en 1695), arriva en Italie en 1636 et y resta jusqu'en 1657. A son arrivée à Rome, il fit quelques portraits qui appelèrent l'attention du pape Urbain VIII, qui se fit aussitôt peindre par Mignard.

«Le portrait qu'il fit du duc de Guise, qui était attendu des Napolitains pour les soutenir , eut un succès que leur révolte rendit bien singulier. La ressemblance de ce prince était parfaite, son grand air, sa noble fierté y étaient exprimés. Il fut envoyé à Naples, et l'espérance dont le peuple fut flatté de posséder dans peu son défenseur, fit rendre à ce portrait une espèce d'hommage jusque-là que les femmes se mettaient à genoux en le regardant, et y faisaient toucher leurs chapelets .»

A peu près dans le même temps, Mignard peignit le cardinal Barberini, puis, avec un grand succès, les deux cardinaux de Médicis, le cardinal d'Este, les chefs des quatre maisons de Rome (Colonna, Ursini, Sanelli, Conti), la signora Olympia, le prince Pamphile neveu du pape, l'ambassadeur de France Henri d'Estampes, commandeur de Valençay, l'ambassadeur de Malte commandeur des Vieux, les commandeurs de Matalone et d'Elbena, Innocent X.

La réputation que Mignard avait acquise engagea le Grand-Maître de Malte à l'appeler auprès de lui; il refusa et resta à Rome.

Après avoir fait le portrait du pape Innocent X, Mignard cédant aux conseils du Poussin, renonça à faire des portraits et se livra dès-lors à des ouvrages de composition. «Plusieurs églises furent ornées de peintures de M. Mignard, particulièrement celle de Saint-Charles-des-Quatre-Fontaines. Il y fit une Trinité avec quelques saints, entre lesquels est un saint Charles Borromée de grandeur naturelle fort estimé, et, sur la porte, une Annonciation à fresque. Il se plaisait à cette manière, et cet ouvrage, ainsi que quantité d'autres, firent juger à quel degré il la porterait. »

Il fit une Aurore, à fresque, chez M. Martino Longwi; une Sainte-Famille, à l'huile, à Sainte-Marie-in-Campitelli; un saint Antoine au monastère de Saint-Antoine-des-Français; saint Charles communiant les pestiférés, pour l'église de Saint-Charles-des-Catinari; mais Pietre de Cortone empêcha qu'on y plaçât ce tableau.

Mignard quitta Rome au printemps de 1654 et se rendit à Venise. En chemin, il peignit, à Rimini, le cardinal Sforze, archevêque de cette ville; à Modène, le premier peintre du duc, la princesse Isabelle d'Este, fille aînée du duc, et depuis duchesse de Parme; la princesse Marie, sa sœur, qui se fit depuis carmélite.

A Venise, il étudia les maîtres et fit le portrait du sénateur Marco Paruta. Il revint ensuite à Rome et peignit le pape Alexandre VIII et la belle courtisane La Cocque, qui par coquetterie voulut que Mignard emportât son portrait en France. Mignard quitta l'Italie en 1657 pour revenir à Paris. Il était fort estimé à Rome et y avait formé un grand nombre d'élèves.

LE VALENTIN (né en 1600, mort à Rome en 1632), suivit d'abord la manière de Caravage; le Poussin le ramena ensuite à d'autres idées. Il fit le Martyre des saints Processe et Martinian, tableau qui fut exécuté en mosaïque, à Saint-Pierre. Les autres tableaux de Valentin, qui se trouvent à Rome, sont: à la galerie du Vatican, le Martyre de saint Processe et de saint Martinian; à la galerie du Capitole, le Christ devant les Docteurs; au palais Sciarra, la Décollation de saint Jean, et Rome triomphante.

JACQUES ET GUILLAUME COURTOIS. (Jacques, né en 1621, mort à Rome en 1676; — Guillaume, né en 1628, mort à Rome en 1679). Jacques Courtois dit le Bourguignon a passé toute sa vie en Italie, où il s'est distingué comme peintre de batailles. Il a fait un grand nombre de tableaux pour la maison des Jésuites de Rome; on voit de lui deux batailles au palais Falconieri, à Rome, et une grande bataille au palais Pitti, à Florence. — Son frère, peintre d'histoire, a également vécu en Italie. Les musées de ce pays renferment presque toutes ses œuvres.

ANDRÉ LE NÔTRE, architecte et dessinateur des jardins du roi, né en 1613, mort en 1700. Les jardins français ou gothiques, comme on disait jadis, furent toujours très célèbres. Le Nôtre agrandit et développa l'ancien système français sans rien emprunter aux jardins italiens. Tout au contraire, après avoir dessiné tous ses jardins de France, en 1678, il se rendit à Rome où il fit les célèbres jardins de la villa Pamphili ; ceux du Quirinal, du Vatican et de la villa Albani. Ce n'est pas seulement en Italie, mais sur toute l'Europe que l'influence de Le Nôtre s'est fait sentir; partout, en effet, on a dessiné des jardins d'après ses idées et à l'imitation de ceux de Versailles.

PIERRE PUGET, architecte, peintre et sculpteur, né en 1622, mort en 1694. Fouquet avait envoyé Puget à Gênes pour choisir les marbres nécessaires à la confection des ouvrages qu'il devait exécuter au château de Vaux. La nouvelle de la chute de Fouquet s'étant répandue à Gênes (1662), Puget se décida à rester dans cette ville, où les plus grands seigneurs de la République cherchaient à le retenir.

Puget a beaucoup travaillé à Gênes; à l'église de Sainte-Marie-de-Carignan, il a sculpté les deux statues colossales de saint Sébastien et du bienheureux Alexandre Sauli; on voit de lui: à l'église de l'Albergho-de'-Poveri, le groupe de l'Assomption (son chef-d'œuvre); — au palais Balbi, une statue de la Vierge; — une Vierge avec l'enfant Jésus, au palais Carrega, et une troisième statue de la Vierge à l'église Saint-Philippe-Neri; — à l'église de Saint-Cyr, les ornements du maître-autel, c'est-à-dire le tabernacle et les anges en bronze doré ; — le dôme de cette église a été peint d'après ses dessins; — à Notre-Dame-des-Vignes, les ornements du maître-autel, où il a représenté les symboles des quatre Évangélistes; — au palais Spinola, le groupe de l'enlèvement d'Hélène; — la fontaine du palais Brignole.

Puget fit aussi à Gênes un bas-relief de l'Assomption pour le duc de Mantoue. Puget revint en France, rappelé par Colbert en 1669. A son retour, il exécuta encore pour Gênes le baldaquin du maître-autel de l'église Sainte-Marie de Carignan.

JEAN THÉODON (mort en 1680) a passé presque toute sa vie à Rome. Il fit d'abord la statue de Saint-Jean-de-Latran; son modèle l'emporta dans un concours où se trouvait le Bernin entre autres adversaires. Les Jésuites, voulant décorer l'autel de Saint-Ignace, à l'église des Jésuites, de deux groupes de cinq figures chacun, mirent ces deux ouvrages au concours. Les vainqueurs furent deux Français, Théodon et Legros. Leurs ouvrages sont placés au rang des chefs-d'œuvre de Rome moderne. Le groupe de Théodon représente la Foi qui foudroie l'Idolâtrie. Théodon fit pour le Mont-de-Piété un bas-relief représentant les enfants de Jacob accusés du vol d'une coupe d'or et amenés devant Joseph. Le tombeau de la reine Christine est orné d'un bas-relief de Théodon.

HENRI GUSCAR, né à Paris en 1635, mort à Rome en 1701. — Ce peintre de mérite est l'auteur de plusieurs tableaux conservés encore à Rome, où il paraît avoir passé toute sa vie.

JACQUES-PHILIPPE FERRAND, peintre en émail, né en 1653, le 25 juillet, à Joigny, mort en 1732. Elève de Mignard et de Samuel Bernard, peintre en miniature, académicien en 1690. — Ferrand fit plusieurs voyages en Allemagne, en Angleterre, et en 1688 il alla pour la première fois à Turin, où il fit quelques ouvrages pour le duc de Savoie; mais la guerre qui survint l'obligea de repasser en France où il demeura jusqu'à la paix de 1696, auquel temps, ayant été rappelé par le duc de Savoie, il fit un très beau portrait de ce prince. Ferrand resta deux ans à Turin et fut traité d'une manière très bienveillante par le duc. Il fit un portrait à Gènes, et fut accueilli avec faveur par le doge et à Florence par le grand-duc. A Rome, où il résida treize mois, il fit les portraits d'Innocent XII et de la princesse Pamphile. Ferrand revint à Paris en 1699.

Louis DORIGNY (né en 1654, mort à Vérone en 1742, élève de Lebrun). — Dorigny arriva en Italie à dix-sept ans, c'est-à-dire en 1675, et y demeura toute sa vie, sauf l'année 1704 qu'il passa à Paris, et l'année 1711, pendant laquelle il résida à Vienne.

Après avoir travaillé quatre années à Rome, il fit un tableau de la Vierge pour le maître-autel de l'église des Feuillants de Foligno. Il peignit ensuite la vie de saint Augustin en vingt-quatre tableaux, au cloître des Augustins.

C'est sur-tout à Venise et à Vérone que Dorigny a composé la plus grande partie de ses œuvres.

«Les ouvrages de Louis Dorigny à Vérone sont: quatre tableaux à l'huile, dans l'église du collége Dei sig. Hottai; les deux premiers représentent deux miracles de saint Zénon, évêque et protecteur de la ville; on voit dans le troisième, Daniel qui justifie Suzanne, et une Annonciation fait le sujet du quatrième. — Dans l'église de Saint-Sébastien est le Songe de Machabée, qui croit voir l'épée d'or du prophète Zacharie; plusieurs clairs-obscurs représentent la Vie de saint Louis de Gonzague et de saint Stanislas de Kotska. — La Manne est peinte au maître-autel de l'église de Saint-Luc; — et dans celle de Sainte-Euphémie, un saint Christophe qui porte Jésus-Christ sur ses épaules, avec une gloire d'anges au-dessus; à Saint-Marc, la Conception de la Vierge, et au bas de ce tableau d'autel sont placés saint Grégoire et saint François de Paule; — on voit dans le palais Giusti, un grand tableau de l'Enlèvement des Sabines, et le Combat des Horaces et des Curiaces; dans le palais Peligrini, au plafond de l'escalier, ce sont les Vertus théologales et les cardinales, assises sur des nuages; dans la maison Lombardi, plusieurs tableaux à l'huile sont placés dans une salle, savoir: le Repas de Cléopâtre, Énée abordant sur les côtes d'Italie, Orphée aux portes des Enfers, pour ramener Eurydice; Herminie sur les bords du Jourdain avec un vieux berger et trois enfants qui chantent. La maison des Piccoli possède de grands tableaux à l'huile, représentant le Déluge, le Sacrifice de Noé, la Construction de la tour de Babel; — dans la vigne du comte Allegri, à Cuzzano, au plafond de la salle, paraît le Conseil des Dieux; dans une embrasure, Persée tient la tête de Méduse, qui change en pierre plusieurs soldats; et vis-à-vis, le Combat des Centaures et des Lapithes: au-dessous de ces tableaux, il a peint à fresque, deux luttes d'hommes en clair-obscur, et tout autour de la salle, les douze signes du Zodiaque personnifiés. — Dans le palais du même seigneur, à Vérone, la salle et plusieurs chambres sont ornées de plafonds où sont représentés Borée qui enlève Orithye; dans une autre c'est une fête de Bacchus; on voit dans le même palais, les Quatre Parties du Monde, la Renommée et les Vertus cardinales, Vénus suivie des Grâces, Junon dans son char tiré par des paons, la déesse Flore, et la Nuit environnée des songes personnifés. — Dans le palais du marquis Spolvarini, Dorigny a peint à fresque le plafond d'une salle, partagé en trois compartiments: on voit dans le milieu un Chœur de bergers, à un des bouts une Bacchanale, et dans l'autre une Chasse de Diane; dans une autre chambre le plafond représente la Chûte de Phaéton que Jupiter précipite. — Le palais Murelli a de lui trois plafonds à fresque; on voit dans celui de la salle, le char du soleil avec les signes du zodiaque; le Triomphe d'Hercule, avec les Arts libéraux et autres sujets, ornent les deux autres chambres. — Dans la maison Nuvoloni, il y a une grande pièce toute remplie de morceaux à l'huile, dont les principaux sont: Salomon visité par la reine de Saba, sa piété envers Dieu, ensuite son idolâtrie.»

«La ville de Venise expose, dans l'église de Saint-Sylvestre, au milieu du plafond, un Ciel ouvert, où l'on voit la Trinité avec la Vierge, et plusieurs anges en adoration; vers la porte, il a peint d'autres anges qui portent la croix; et du côté du maître-autel, c'est l'Apothéose de saint Sylvestre, le tout peint à fresque: on voit autour du plafond, les saints de l'ancien et du nouveau Testament, sur des nuages, — L'église des Jésuites représente deux plafonds à fresque. Celui du maître-autel est composé d'un Concert d'anges; l'autre, qui est au milieu de la croisée, fait voir le ciel, la terre et l'enfer qui adorent le nom de Jésus: le plafond d'une chapelle latérale, dans l'église des Carmes déchaussés, expose un groupe d'anges peint à fresque. — Dans le palais Del sig. Tron, il a exécuté de même, dans une salle, le Triomphe d'Hercule, où sont rassemblés tous les dieux; et les signes du Zodiaque personnifiés se voient dans les ornements du pourtour. — Au palais Zénobio, il a peint deux salles et une chambre; dans la première, est l'Aurore qui devance le char du Soleil, accompagnée des vents qui écartent les fantômes de la nuit; on voit dans l'autre salle, trois niches; le Mérite accompagné de la Vertu et de la Renommée, groupées de petits enfants, est dans la première; la seconde est la Vertu récompensée par la Justice, et la troisième est remplie de plusieurs vices personnifiés, vaincus et foudroyés; il y a une chambre à deux plafonds; l'un est un Mercure avec plusieurs symboles de la vertu; dans l'autre, ce sont les trois déesses qui se disputent la pomme d'or.»

«A Mantoue, il a peint à fresque la Chûte de Phaéton, au plafond de la salle du palais du comte Beltrame.»

«A Trévise, on voit dans l'église des religieuses de Saint-Paul, une gloire d'anges au plafond; et sur les murs de côté, les actions les plus intéressantes de saint Paul sont peintes en clair-obscur doré sur un fond blanc.»

Dans la grande église d'Udine, on voit au plafond du maître-autel, une gloire d'anges à fresque, et sur les murs est peinte d'un côté la Résurrection du Sauveur qui triomphe de la mort, de l'enfer, du péché et de l'hérésie; de l'autre est son Ascencion, et la gloire humaine accompagnée des honneurs et des richesses de ce monde, y paraît prosternée. On voit dans les plafonds de la croisée de l'église les Pères de l'Ancien et du Nouveau-Testament peints à fresque sur des nuages.»

«A Trente, il a peint à fresque la coupole de la cathédrale, où il a représenté les saints protecteurs de cette ville, et dans les lunettes qui règnent autour de la croisée de l'église, les martyres de ces saints.»

JOSEPH VILLERME OU VILLIERME, né à Saint-Claude, sculpteur aux Gobelins, mort à Rome vers 1720, peut-être en 1723, âgé d'environ soixante ans. — Villerme, près s'être installé à Rome, se consacra, par un esprit de piété et d'humilité, à ne faire que des crucifix. Les crucifix d'ivoire de Villerme sont admirables; le marquis Palavicini en avait quantité dont il avait orné une petite galerie.

ANTOINE RIVALZ (né en 1667, mort en 1735). «Animé par ses progrès, Rivalz eut le courage de travailler au concours pour les prix de l'Académie de Saint-Luc (vers 1706). Il prit pour sujet la Chûte des Anges, idée vaste et bien digne de l'étendue de son génie et de ses connaissances. Une victoire complète le fit couronner au Capitole: il reçut le premier prix des mains du cardinal Albani, depuis Clément XI» .

PIERRE LEGROS (né en 1656, mort en 1719 en Italie). — Pierre Legros, ayant obtenu le grand prix en 1677, alla à Rome pour y étudier, et ne put se résoudre à quitter celte ville.» Il se fixa donc à Rome et s'y distingua par cette infinité de beaux morceaux qu'on y admire» . On voit de cet artiste: à l'église des Jésuites, sur l'autel de saint Ignace, le groupe de la Foi renversant l'Hérésie; le groupe en argent (de 9 pieds) de saint Ignace avec trois Anges; le tombeau du Pape Grégoire XV, et le fameux bas-relief de saint Louis de Gonzague représenté dans une Gloire d'Anges; Guillaume Coustou travailla avec Legros à ce bas-relief ; — à l'église Saint-André du noviciat des Jésuites, la statue de saint Stanislas Kotska couché sur le lit de mort (statue en marbre de diverses couleurs); — à Saint-Jean-de-Latran, les statues de saint Thomas et de saint Barthélemy; — le tombeau du cardinal Casanata; — à Saint-Pierre, la statue de saint Dominique, regardée comme l'un des chefs-d'œuvre de cette basilique; — à l'oratoire du Mont-de-Piété, un bas-relief représentant Tobie prêtant dix talents à Gabelus; — à l'église de la Minerve, la statue en pied du cardinal Casanata; — à Sainte-Marie-Majeure, le tombeau de Pie IV; — à Saint-Pierre-aux-Liens, le tombeau d'un prélat de la maison Aldobrandini; — à la cathédrale de Turin, les deux statues fort célèbres de sainte Thérèse et de sainte Christine.

JEAN-FRANÇOIS DETROY (né en 1680, mort en 1752) a demeuré long-temps à Pise. On voit de lui dans l'église de Saint-Félix de cette ville un tableau de saint Louis et à Parme, à la grande salle du collége des Nobles, de très belles fresques à la manière du Guide .

J.-B. VANLOO (né en 1684, mort en 1745). — Après la mort de Louis Vanloo, son père, J.-B. Vanloo se rendit auprès du prince de Monaco. Il peignit les princesses de Monaco, se rendit ensuite à Gênes et à Turin, où il était appelé par Victor-Amédée, duc de Savoie. En 1712, il fit les portraits des princes de Carignan et de Piémont. Au bout de deux ans de séjour à Turin, le prince de Carignan envoya Vanloo à Rome (1714); il y composa plusieurs tableaux pour ce prince: N.-S. qui donne les clefs à saint Pierre, une Sainte Famille, une Psyché. De retour à Turin, il fit une flagellation pour l'église de Santa-Mariadella-Scala , et en 1718 deux plafonds à fresque au château de Rivoli, près Turin. Le duc de Savoie voulait garder auprès de lui Vanloo, qui refusa et revint à Paris, où il fit pour son protecteur plusieurs tableaux tirés des Métamorphoses et le Triomphe de Galatée. Son fils, François Vanloo, peintre fort distingué, se rendit plus tard à Turin où il mourut fort jeune .

ANTOINE PESNE fit à Venise, où il était allé étudier les coloristes, un grand nombre de beaux portraits des premiers personnages de cette république. Il passa de Venise à Rome, et de là à Berlin.

PIERRE SUBLEYRAS naquit en 1699 et mourut en 1749 à Rome, où il s'est fait, dit Mariette, un honneur infini . — Subleyras, grand prix de 1728, arriva à Rome cette année et se décida à y rester. Chargé par les chanoines d'Asti, en Piémont, de faire un grand tableau, il peignit N.-S. chez Simon le Pharisien. Ce morceau, terminé avec soin, fit sa réputation; il fut admis aux Acadéde Saint-Luc et des Arcades. On le chargea de faire un tableau pour Saint-Pierre. Il représenta saint Basile célébrant les saints Mystères et refusant les dons de l'empereur Valens, qui tombe évanoui dans les bras de ses gardes.

Ce tableau, dont on admire l'ordonnance et la couleur, fut aussitôt exécuté en mosaïque. C'était la première fois qu'on faisait cet honneur à un artiste vivant. Subleyras en était digne, et son œuvre était digne aussi de soutenir la gloire de notre école. Subleyras eut dès-lors une réputation immense. Le pape Benoît XIV, les cardinaux, les princes de Rome se firent faire leurs portraits.

Subleyras avait une ordonnance facile et grande, un dessin correct et un beau coloris.

THOMAS GERMAIN, architecte, sculpteur et orfèvre, né en 1675, mort en 1748. — Germain, pendant son séjour en Italie, fit plusieurs belles pièces d'orfévrerie pour le grand-duc de Toscane. A Livourne, il bâtit une église fort estimée des connaisseurs, et de retour en France, il travailla pour toutes les cours de l'Europe.

PIERRE-CHARLES TRÉMOLLIÈRE (né en 1703, mort en 1739) alla à Rome en 1726, et fut chargé de faire la copie, d'après le Vanius, d'un tableau représentant la Chute de Simon le Magicien. L'original, placé sur un des autels de St.-Pierre, étant peint à l'huile sur le mur, commençait à dépérir, et il s'agissait de le mettre en mosaïque. Cette copie fut très belle . Trémollière revint à Paris en 1734, et mourut de la poitrine cinq ans après.

ADRIEN MANGLARD, né à Lyon en 1696, mort à Rome en 1760. Ce peintre de marines, maître de Joseph Vernet, a beaucoup travaillé à Rome, où se trouvent presque toutes ses œuvres.

RENÉ-MICHEL OU MICHEL-ANGE SLODTZ (né en 1705, mort en 1764). — Second grand-prix en 1724 et 1726. — Slodtz resta à Rome de 1727 à 1744, et fit l'ornement de cette ville pendant le temps de son séjour, selon l'expression de Patte. — On voit de Slodtz: à Saint-Pierre, saint Bruno refusant la mître qu'un Ange lui apporte, ouvrage obtenu au concours; — et à Saint-Jean-des-Florentins, le mausolée du marquis Capponi; — à Saint-Louis-des-Français, le bas-relief du tombeau et le buste de Wleughels.

EDME BOUCHARDON (né en 1698, mort en 1762), resta dix ans à Rome, de 1722 à 1732. Il y fit les bustes de plusieurs cardinaux et celui du pape Clément XII. Il était déjà compté au nombre des habiles maitres de l'Italie, et était chargé d'exécuter le mausolée de Clément XI, lorsqu'il obéit aux ordres du roi et revint à Paris en 1732.

LOUIS-MICHEL VANLOO et CARLE VANLOO. Louis-Michel né en 1707, mort en 1771) travailla à Turin pour le roi de Sardaigne, de 1733 à 1736. — Carle Vanloo alla à Rome en 1727; il fit à l'église Saint-Isidore un plafond représentant l'Apothéose de ce saint. Il se rendit ensuite à Turin, travailla pour les palais et les églises, et fit pour un cabinet, au palais du roi, onze tableaux fort gracieux d'après la Jérusalem délivrée, Carie Vanloo était de retour Paris en 1735.

FRANÇOIS RIVIÈRE naquit à Paris, fut élève de Largillière, et est regardé par Mariette comme un très excellent peintre. Rivière résidait à Livourne en 1730; il y était encore en 1746 dans un âge extrêmement avancé et très misérable, ayant peu d'ouvrage dans une ville toute commerçante. Ce peintre, dit Mariette, peut marcher avec ce qu'il y a de mieux; c'est dommage que, ne s'étant pas produit sur un meilleur théâtre, il soit demeuré inconnu. Rivière a fait quelques tableaux à Livourne et un à Pise, qui est dans l'église des Arméniens. Ses tableaux d'Assemblées et de danses turques étaient fort recherchés en Italie. Rivière est mort à Livourne.

J.-J. CAFFIERI (né en 1724, mort en 1792) a exposé au salon de 1757 une Sainte Trinité pour l'église de Saint-Louis des Français à Rome. — HOUDON résida en Italie de 1760 à 1771, et fit pour l'église de Sainte-Marie-des-Anges de Rome, la célèbre statue de saint Bruno. — DOYEN a exposé en 1763 un tableau représentant Andromaque cherchant à arracher Astyanax des mains du soldat auquel Ulysse ordonne de le jeter du haut de la tour d'Ilion (21 pieds sur 12). Ce tableau avait été fait pour dom Philippe, duc de Parme. — LEBRUN, sculpteur, a fait le buste de Clément XIII; les statues de David et de Judith à l'église Saint-Charles de Rome. — PETITOT était en 1765 et encore en 1769, premier architecte du duc de Parme.

LAURENT GUYARD (né à Chaumont en 1723, mort en 1788 à Carrare), élève de Bouchardon; grand prix de 1749. — Guyard resta quatorze ans à Rome et fit un assez bon nombre de groupes, entre autres Enée et Anchise pour le duc de Parme. A son retour à Paris en 1767, l'inimitié de M. de Marigny et de Pigalle le décida à retourner en Italie; il fut nommé premier sculpteur du duc de Parme. Parme conserve de Laurent Guyard une Vierge colossale (5 mètres), une Bacchante et un Cupidon prêt à tirer de l'arc. L'église de Coparmio (à quatre lieues de Parme), renferme aussi une Vierge semblable à celle de Parme.

CHARLES DE WAILLY, ANTOINE FRANÇOIS CALLET et BEAUVAIS. (de Wailly, né en 1729, mort en 1798; grand prix de 1752. — Callet, né en 1741, mort en 1823). — C'est sur les dessins de de Wailly que Tagliafichi construisit et décora le splendide salon du palais Spinola à Gênes. L'apothéose d'Ambroise Spinola, au plafond, a été peinte par Callet. Les huit Cariatides et les bas-reliefs qui sont au-dessous de l'architrave ont été sculptés par Beauvais.

JOSEPH CHINARD (né en 1756, mort en 1813) resta à Rome de 1784 à 1789. En 1786, il remporta le grand prix fondé par le Pape, qui avait admis à concourir les artistes de tout pays. Le sujet fut Persée délivrant Andromède. Le Musée de Lyon possède une copie de ce beau groupe.

FRANÇOIS - XAVIER FABRE (né en 1766, mort en 1837). — Grand prix de 1787, élève de David, Fabre a résidé en Italie de 1787 à

1826, d'abord à Rome, ensuite à Florence où il fut professeur à l'Académie des Beaux-Arts. La galerie de Florence renferme de ce peintre les portraits d'Alfiéri et de la comtesse Albani.

Madame LEBRUN arriva à Naples en 1790; elle y fit les portraits de la princesse Marie-Thérèse, du prince héréditaire, père de la duchesse de Berry, de la princesse Marie-Christine, de Paësiello et de la reine de Naples.

DAVID. — Pendant son séjour à Rome, alors qu'il n'avait pas encore réformé sa première manière, David fit quelques peintures à l'église de Saint-André du noviciat des Jésuites.

Divers Artistes (1789-1814). — BENOIT PÉCHEUX, peintre de fresques, né en 1779, fut de 1796 à 1808 professeur à l'Académie de Peinture et de Sculpture de Turin. — LECONTE (Etienne-Chérubin), né en 1766, architecte de Murat à Naples, a décoré le palais royal. — WICAR a fait à la cathédrale de Pérouse un Sposalizio. — PERCIER, qui a résidé en Italie de 1786 à 1792, a élevé le mausolée de la comtesse Albani dans l'église Sainte-Croix à Florence. — JACOB (Nicolas-Henri) a été dessinateur du prince Eugène à Milan, de 1805 à 1814. Il a fait plusieurs portraits: celui du prince Borghèse, à la galerie du prince, a Rome; celui de la princesse Laute et de sa famille, dans son palais à Rome. — JALEY (Louis) a gravé en 1812 une médaille du roi de Naples, commandée par ce souverain. — BIENAIMÉ, Pierre-Théodore (né en 1765, mort en 1826) a été architecte d'Elisa Bonaparte. Il a décoré les appartements du château de Lucques, et reconstruit la maison de plaisance de Marlia. — BERTHAULT Louis-Martin (né vers 1771, mort en 1823). — Cet architecte s'est appliqué spécialement à la composition des jardins; il en a dessiné un grand nombre en France, ceux de la Malmaison entre autres. Napoléon, après la naissance du roi de Rome, voulut faire bâtir à Rome un palais pour son fils; il chargea Berthault de construire ce palais et d'en dessiner le parc. Les ruines de quelques monuments antiques devaient se trouver renfermées dans ce parc. On commençait à les isoler et à abattre les masures qui les entouraient, lorsque les événements de 1814 arrivèrent et interrompirent ces grands travaux. Le pape Pie VII a cependant fait restaurer les monuments romains d'après les plans de Berthault, et fait faire autour d'eux les embellissements que cet architecte avait proposés pour faire cesser le disparate entre les ruines antiques et les constructions modernes dont elles étaient entourées. - Léon DUFOURNY (né en 1760, mort en 1818), a construit en 1790 l'Ecole de Botanique à Palerme.

JEAN-DOMINIQUE-AUGUSTE INGRES, né en 1780, élève de David, arriva à Rome en 1806, et y resta jusqu'en 1820. Il a peint à la détrempe, au palais de Monte-Cavallo, par les ordres de l'Empereur, Romulus vainqueur d'Acron (composition de 6 mètres); à ce même palais, au plafond de la chambre à coucher de l'Empereur, le Songe d'Ossian. C'est à Rome que M. Ingres a peint Virgile lisant l'Enéide, tableau fait pour la villa du général Miollis, et qui se trouve actuellement chez ce peintre et en fort mauvais état. Raphaël et le cardinal Bibiena qui lui offre sa nièce (tableau fait pour la reine Caroline de Naples, et qui a été perdu depuis); une Odalisque dormant, représentée par une femme nue et vue de face, tableau peint pour la reine Caroline et également perdu ; — les Clefs de saint Pierre pour l'église de la Trinité-du-Mont, à Rome. Ce tableau, qui est resté à Rome jusqu'en 1830, est aujourd'hui au Musée du Luxembourg. M. Ingres a peint à Naples, en 1813, le portrait de la princesse Caroline. Il a résidé de 1820 à 1824 à Florence, où il a fait quelques portraits, et à Rome pendant son directorat de l'Académie, de 184 à 1841.

FERDINAND BOURJOT, architecte, né en 1768, a travaillé à Gênes comme architecte-ingénieur de cette république.

MM. GASSE, architectes, ont fait, à l'époque de Murat, la belle Promenade de la Villa-Reale à Naples, la Bourse et l'Observatoire de Capo-di-Monte (l'Observatoire est d'Etienne Gasse).

MONTAGNY (Elie-Honoré) a été peintre de la reine Caroline. Plusieurs de ses tableaux, Philémon et Baucis, le Tasse, etc., sont restés au palais de Naples. — GÉRARD a fait en 1810 le portrait de Camille - Philippe - Louis, prince Borghèse.

Artistes contemporains. — PRADIER a fait, en 1830, un groupe en marbre d'une Bacchante et d'un Satyre, appartenant à M. Demidoff, à Florence; le tombeau du comte de Beaujolais, statue en marbre, placée à Malte; le buste en marbre de Spontini, à Jesi (États romains). — DAVID (d'Angers) a fait le buste colossal en marbre d'Ennius Quirinus Visconti, placé à la grande salle de l'Académie romaine. — Le buste en marbre d'une Néréide, exécuté pour Louis Bonaparte, frère de Napoléon, à Florence. — ODIOT a composé pour le roi de Naples Ferdinand Ier, un grand service d'orfèvrerie; et, en 1843, une croix d'or émaillée et gemmée pour le Pape.

En 1851, M. FROMENT-MEURICE a fait, pour la chapelle du Pape, un superbe calice ciselé et émaillé. Le même orfèvre est aussi l'auteur de la célèbre toilette de la duchesse de Parme, exposée, en 1851, à Londres. Nous croyons devoir donner la description de cette œuvre remarquable.

Les données architecturales de ce meuble en orfèvrerie ont été fournies par M. DUBAN. Il n'entre dans cette œuvre magnifique que de l'argent, de l'or et des émaux. On remarque une longue suite d'émaux régnant tout autour du miroir et reproduisant les écussons de toutes les anciennes provinces de France. A droite et à gauche sont deux figures aux armes de Lucques et de France; celle de Lucques, fleurdelysée sans nombre, et celle de France avec les trois fleurs de lys de la maison royale de Bourbon. Sur l'oriflamme de Lucques se lit la devise: Deus et Dies; sur celui de France, le célèbre cri: «Montjoie et Saint-Denis » ; au bas du cadran que supporte le miroir, est la date du mariage, 6 novembre 1845. Le dessus de la table de toilette est tout en nielle, or et argent. Une aiguière et son plateau en vermeil, richement ciselé, reposent sur la toilette, et, à chaque côté du miroir, on voit deux délicieux coffrets à bijoux, où vingt grands émaux, occupant le pourtour, reproduisent les figures des femmes célèbres de France: Jeanne d'Arc, Jeanne d'Albret, Jeanne Hachette, Valentine de Milan, etc.; aux angles sont les statuettes de Bayard, Du Guesclin, Dunois, La Trémouille et autres héros célèbres dans l'histoire de France. Cinq ans de travail ont été employés à cette immense œuvre d'orfévrerie.

BOGUET, peintre de paysages, est resté vingt-huit ans à Rome et y est mort. — LEMOINE, sculpteur, est à Rome depuis plus de trente ans. — CHAUVIN, peintre de paysages, y réside depuis long-temps. — MADEMOISELLE FAUVEAU, sculpteur, est à Florence depuis 1834. — P. GIRARD, peintre, réside à Naples. FÉLON vient de faire (1851) le portrait en pied du roi de Sardaigne entouré de ses principaux officiers.

CHAPITRE IX.

PAYS-BAS.

Architecture gothique. — Les traces les plus évidentes de l'influence de nos architectes au moyen-âge se retrouvent dans les Pays-Bas. Il est prouvé que la fameuse façade de la cathédrale d'Anvers a été construite par Amelius, de Boulogne, que l'empereur Charles IV emmena de France.

L'église du monastère d'Adewerth, situé dans la province de Groningue, a été construite en 1214; elle est la reproduction exacte, servile même, de l'église abbatiale de Clairvaux.

Artistes du XVII.C siècle. — PHILIPPE MEUSNIER (1655-1734), peintre d'architecture, fit les décorations du théâtre de Bruxelles. — HENRI TESTELIN, peintre, obligé de sortir de France à cause de la révocation de l'édit de Nantes, se retira à La Haye, où il mourut en 1695. — FRANÇOIS MAROT (1667-1719) a composé un Martyre de saint Laurent pour une église de Rotterdam.

XVIIIe siècle. — Les Pays-Bas employèrent, sous le règne de Louis XV, un plus grand nombre de nos artistes que dans les siècles antérieurs. L'éclat des écoles flamande et hollandaise, et les luttes politiques des Pays-Bas contre la France, expliquent la rareté des travaux dus à des Français dans cette contrée jusqu'alors.

AVED (né à Douai en 1702, mort le 4 mars 1766), fit le portrait du stathouder Guillaume IV qui l'avait appelé près de lui . — GERMAIN BOFFRAND (1667-1754) construisit le château de Bouchefort . — PERRONNEAU exposa en 1763 les portraits de deux échevins d'Amsterdam, MM. Asselart et Hanguer. — JOSEPH VERNET (1712-1789) fit pour le stathouder douze Marines regardées comme ses chefs-d'œuvre.

HOUDON exposa en 1787 le buste en marbre du bailli de Suffren pour MM. les directeurs de la noble Compagnie des Indes hollandaises du département de Zélande. — DE WAILLY construisit la salle de spectacle de Bruxelles.

Depuis 1789. — Depuis la révolution française, les Pays-Bas furent soumis à l'influence politique ou à la domination de la France. Pendant cette période: THIBAULT, Jean-Thomas (1757-1826), élève de Boullée et Paris, artiste fort distingué, restaura l'hôtel-de-ville d'Amsterdam et le palais de La Haye . — VERLY, François (1760-1822), fut chargé de divers travaux à Anvers, à Bruxelles et même à Amsterdam; il construisit le palais-de-justice de cette dernière ville . — BONNEVIE, Eloi-Joseph, né en 1783, construisit sous l'Empire les prisons et le grand Manége de Bruxelles, et avec DAMESME, Louis-Emmanuel-Aimé, le Grand-Théâtre de Bruxelles. Bonnevie éleva, en 1822, à Bruxelles, l'arc-de-triomphe qui fut consacré à la paix générale . — MICHAUT, Auguste (né en 1786), appelé par le gouvernement des Pays-Bas, grava les monnaies de ce royaume, les grands sceaux de l'Etat et la médaille de la réunion de la Belgique à la Hollande. Michaut revint en France en 1820. — DAVID, pendant son exil, fit le portrait de madame la comtesse Vilain XIV avec sa fille. — DAUSSOIGNE, Joseph, né à Givet en 1790, fut nommé en 1827 directeur du Conservatoire de Musique de Liége; il a composé une cantate à grand orchestre pour la fête donnée à Liège à la réception du cœur de Grétry, et en 1834, une grande symphonie avec chœurs, appelée une Journée de la Révolution. C'est, dit Fétis, une belle et large composition. Ce compositeur, élève de notre Conservatoire, avait obtenu le grand prix en 1809. — AUTISSIER, Louis-Marie (né en

1772, mort en 1823), fixé à Bruxelles depuis 1812. Il y acquit une réputation méritée en faisant de nombreux portraits. — Le comte Emilien DE NIEUWERKERKE est l'auteur de la belle statue de Guillaume-le-Taciturne, faite en 1843 à Paris, pour la place de La Haye.

CHAPITRE X.

POLOGNE.

Les relations entre la France et la Pologne sont fort anciennes. Les légistes français appelés par Casimir-le-Grand, et l'élection de Henri III, sont les témoignages les plus connus de ces anciennes relations. A l'époque où Sobieski monta sur le trône, la France et la Pologne étaient sur-tout liées depuis quarante ans. Une Française, Marie-Louise de Gonzague, fut mariée en 1645 à Wladislas IV, et en 1649 à Jean-Casimir, frère et successeur de Wladislas IV. Marie-Louise avait francisé la cour de Pologne. On sait qu'après son abdication, Jean-Casimir se retira en France.

La fille d'un gentilhomme français épousa Sobieski. Ce grand homme avait passé plusieurs années de sa jeunesse en France; il y avait appris le métier des armes sous le grand Condé ; les affections et les idées de Sobieski étaient toutes françaises .

Nous trouvons ici ce que nous avons observé partout ailleurs dans les mêmes circonstances: à la suite de l'influence politique, l'influence des lettres et des arts.

FRANÇOIS DESPORTES, — Vers 1692, Louis XIV permit à Desportes d'aller en Pologne, où il fit avec grand succès les portraits du roi Jean Sobieski , de la reine, du cardinal d'Arquin et des principaux personnages de la cour. Il fut engagé à ce voyage par des seigneurs polonais qu'il avait connus à Paris, et par l'abbé de Polignac, alors ambassadeur de France, depuis cardinal, qui le présenta au roi et à la reine de Pologne. Après deux ans de séjour en ce pays, le roi le rappela en France .

Pendant le XVIII.ᵉ siècle, plusieurs artistes allèrent en Pologne. Nous y trouvons: ANTOINE RENOU, premier peintre du roi Stanislas (1760-66). — Louis et AMOUDRU construisirent plusieurs palais en Pologne; j'ai tout lieu de croire que ce sont les palais des Branicki, des Czartoricki, des Sapieah . Louis a construit à Varsovie un palais pour le roi de Pologne. — Louis MARTEAU, mort très âgé en 1805 en Pologne, séjourna toute sa vie dans ce pays; il y fit un très grand nombre de portraits à l'huile et au pastel; il excella dans ce dernier genre.

CHAPITRE XI.

RUSSIE.

L'influence française en Russie est contemporaine des premiers efforts faits par Pierre-le-Grand pour civiliser son empire. La seule raison de l'adoption par l'aristocratie russe de nos mœurs, de nos goûts, de notre langue, de notre littérature et de nos artistes, est dans la grandeur même de la littérature et des arts de la France de Louis XIV, dans leur célébrité et dans l'influence générale qu'ils exerçaient sur toute l'Europe, influence que la Russie devait ressentir plus que tout autre pays. On sait que Lefort, Français, devenu ministre de Pierre-le-Grand, a contribué puissamment à l'introduction des idées françaises en Russie.

JEAN-BAPTISTE-ALEXANDRE LEBLOND, né à Paris en 1679, mort à Saint-Pétersbourg en 1719. — «M. Le-
«fort, neveu du célèbre général Lefort, vint en France
«de la part du Czar pour y engager un nombre d'artistes
«dans toutes sortes de professions à passer en Moscovie
«pour s'y établir .» Leblond, célèbre dessinateur de jardins, d'ornements et d'architecture, partit de Paris en 1716 pour Saint-Pétersbourg; il fut nommé à son arrivée premier architecte du Czar. Leblond a bâti le château de Peterhof, dont les jardins sont une magnifique imitation de Versailles .

SÉBASTIEN LECLERC, graveur célèbre, est l'auteur d'un Traité d'Architecture publié en 1714, 2 vol, in-4.° avec 184 planches. Cet ouvrage a été traduit en russe par ordre de Pierre-le-Grand; il est resté manuscrit .

JEAN-MARC NATTIER (né en 1685, mort en 1766). — Lefort ayant proposé à Nattier de venir trouver Pierre-le-Grand à Amsterdam, Nattier s'y rendit. Il fit les portraits de toute la cour et une Bataille de Poltawa, mais il refusa de suivre le czar en Russie.

J.-B. OUDRY (né en 1686, mort en 1755) fit en France le portrait de Pierre Ier. Le czar fut tellement satisfait de ce tableau, qu'il proposa à Oudry de venir s'établir en Russie; Oudry était sur le point de céder, mais le duc d'Antin le décida à rester en France. Le portrait de Pierre-le-Grand par Oudry est en Russie.

Louis LE LORRAIN (né le 19 mars 1715, mort à Saint-Pétersbourg le 24 mars 1759). — Louis Le Lorrain, élève de Dumont-le-Romain, peintre d'histoire, d'architecture et de perspective, fut appelé par la czarine Elisabeth, qui venait de fonder l'Académie de Peinture, de Sculpture et d'Architecture de Saint-Pétersbourg. Le Lorrain fut le directeur de cette Académie, peu de temps à la vérité, car il mourut quelques mois après son arrivée en Russie.

Les Batailles de Pierre-le-Grand. — Cette collection de quatre estampes a été dessinée par MARTIN LEJEUNE pour Sa Majesté Czarienne, et gravée par NIC. DE LARMESSIN (bataille de Poltawa), par Cn. SIMONNEAU (bataille de Perewolotschna), par M. BAQUOY (bataille navale de Hangouss). La quatrième estampe (bataille de Lesno) ne porte pas le nom du graveur.

LOUIS-JEAN-FRANÇOIS LAGRENÉE l'aîné (né en 1724, mort en 1805), élève de Carle Vanloo. — François Lagrenée remplaça Le Lorrain comme directeur de l'Académie de Saint-Pétersbourg. Il alla en Russie en 1760, et revint à Paris en 1763. Lagrenée eut le titre de premier peintre d'Elisabeth. Il a fait en Russie un assez grand nombre de portraits, en général très beaux, sur-tout celui d'Elisabeth.

Louis TOCQUÉ (né en 1695, mort en 1772), peintre de portraits, séjourna en Russie en 1757 et 1758 . Son œuvre principale paraît être le portrait en pied de l'impératrice Elisabeth, gravé par Schmidt.

LOUIS-JOSEPH MAURICE (né en 1730, mort en 1820), partit pour Saint-Pétersbourg en 1758 et devint premier peintre d'Elisabeth. Appelé plus tard à Moscou, il assista au couronnement de Catherine II, et fut par ses ordres, en qualité de premier peintre de S. M., l'ordonnateur des fêtes qui se donnèrent à cette occasion. En 1779 il se rendit en Italie .

NICOLAS-FRANÇOIS GILLET (né en 1709, mort le 7 février 1791), sculpteur, membre de l'Académie, résida en Russie de 1758 à 1778, à Moscou (1758-9) et à Saint-Pétersbourg (1760-78). En 1779, de retour à Paris, il prenait le titre d'ancien directeur de l'Académie de Saint-Pétersbourg .

ETIENNE-MAURICE FALCONET (né en 1716, mort en 1791) est l'auteur de la célèbre statue équestre de Pierre-le-Grand à Saint Pétersbourg; il fut appelé en 1766 par Catherine II, et ne revint en France qu'en 1781. Mademoiselle MARIE-ANNE COLLOT, sa bru et son élève, qui l'avait suivi en Russie, lit un buste magnifique de Pierre-le-Grand, qui servit de modèle à Falconet pour la tête de sa statue .

VALLIN DE LA MOTHE, premier architecte de l'impératrice Catherine et de Paul I.er, était un architecte de grand mérite qui a construit dans le style Louis XV de fort beaux monuments à Saint-Pétersbourg . Nous pouvons mentionner: l'Académie impériale des Beaux-Arts, très beau monument; les deux petits palais de l'Ermitage, touchant le palais d'Hiver, charmants édifices en style Louis XV; l'hôtel appartenant actuellement au duc d'Oldembourg, situé sur la place du Champ-de-Mars, à Saint-Pétersbourg.

THÉODORE GORDEFF et FÉDOR CHOUBIN. «L'Académie de Saint-Pétersbourg envoie, en 1767, deux élèves étudier à celle de Paris .» Je ne sais ce que sont devenus, après leur retour en Russie, ces deux artistes, formés à notre école.

CHARLES-LOUIS CLÉRISSEAU (né en 1722 , mort en 1820). — «L'impératrice des Russies, toujours pleine d'idées grandes et magnifiques, veut se faire construire un palais exactement semblable à celui des Augustes ou Empereurs Romains. Elle a, pour cet effet, écrit à Paris et demandé à l'Académie d'Architecture un sujet en état de diriger ce superbe monument. On a jugé M. Clérisseau très propre à répondre à ses vues. Cet artiste, peintre et architecte, a fait une étude particulière des bâtiments antiques ; il doit partir incessamment pour se rendre aux ordres de cette princesse. Les meubles répondront à l'édifice, et tout doit être dans le costume des anciens .»

Je ne sais ce qu'a fait Clérisseau en Russie; il n'a cependant pas construit le superbe monument pour lequel on l'avait appelé. Clérisseau eut le titre de premier architecte de S. M. J. de Russie.

J.-B.-LOUIS CARRÉ (né en 1749, mort en 1835). — Carré, élève de Clérisseau, fit à Versailles (après 1770) des copies des tableaux de la galerie de ce palais pour l'Impératrice; il ne voulut pas toutefois aller remplacer Clérisseau à Saint-Pétersbourg .

JEAN LEPRINCE (né en 1733, mort en 1781) résida quelque temps en Russie où il se fit une belle réputation. Il fut obligé de revenir à Paris pour raison de santé. Ce peintre de paysage et de genre entra à l'Académie de Paris en 1765.

LOUIS-CLAUDE VASSÉ (né en 1719, mort en 1772), fit à Paris, et exposa au Salon de 1763, le tombeau de la princesse russe de Gallitzin. «Ce fut à la protection de M. de Caylus qu'il dut le travail qu'il fit pour la Russie, je veux dire le tombeau de la princesse de Gallitzin, née Trubetskoï, et morte à Paris, et que lui ordonna le général Betski, oncle de cette dame .»

Vassé, dont les œuvres étaient pleines de légèreté et de grâce, suivant Mariette, exposa au Salon de 1767 un portrait-médaillon de l'impératrice Elisabeth, fait pour le comte Schervalof.

CHARLES DE WAILLY (né en 1729, mort en 1798; élève de Biondel). — Quelques documents prétendent que de Wailly alla en Russie; sa biographie, rédigée par J. Lavallée, affirme, au contraire, qu'il refusa les offres magnifiques que lui fit Catherine II, et qu'il se contenta de lui envoyer des plans. Les architectes russes Estarof, Pagenof, Wolcof, ont été ses élèves.

JEAN-ANTOINE HOUDON (né en 1741, mort en 1823) a beaucoup travaillé pour la Russie, sans toutefois avoir séjourné dans ce pays. En 1773, il exposa; un monument érigé en l'honneur du prince Michel Michaïlowich Gallitzin, dont le livret donne ainsi la description: — Un Génie militaire, appuyé sur une urne cinéraire, éteint un flambeau; à ses pieds est un trophée du casque, de l'épée et du bouclier de ce prince; des palmes, des lauriers et différentes couronnes désignent le genre des victoires qu'il a remportées; — cette figure, de grandeur naturelle, est appuyée sur un fond formant une pyramide de dix pieds de haut sur quatre de large, qui doit être accompagnée de deux cyprès; — le buste en marbre de Catherine II; — un autre monument à l'honneur du prince Alexis Métricewitsch Gallitzin, sénateur, de même grandeur que le précédent; la Justice est appuyée sur une table destinée à recevoir l'inscription. — En 1781, il fit pour Catherine une célèbre statue de Diane, qui est actuellement au jardin de la Tauride, à Saint-Pétersbourg.

PIERRE-SIMON-BENJAMIN DUVIVIER (né en 1730, mort en 1820). Ce célèbre graveur de médailles exposa au Salon de 1765 la médaille de la princesse Trubestkoi; au revers, son tombeau environné de cyprès.

FRANÇOIS-HUBERT DROUAIS a exposé en 1763 le portrait du prince de Gallitzin, ambassadeur de Russie à Vienne, et en 1769 le portrait du prince de Gallitzin, ci-devant ambassadeur en France.

CHARLES-NORBERT ROETTIERS (mort en 1772, à cinquante-deux ans), a exposé en 1765 six médailles de la famille des princes et princesses Gallitzin et Trubestkoi; — en 1771, une médaille pour le prince Alexis Gallitzin, mort en 1767.

PIERRE-ANTOINE DE MACHY. Cet habile peintre d'architecture a exposé en 1773 deux gouaches représentant la Colonnade du Louvre et le portail de Saint-Sulpice; ces deux gouaches étaient faites pour le comte de Strogonof.

HUBERT ROBERT exposa aussi en 1773 deux tableaux appartenant au comte de Strogonof et représentant les ruines du Campo Vaccino, et un escalier du Casino Albani.

JEAN-BAPTISTE-SIMON CHARDIN (mort en 1779), exposa en 1769 les attributs des Arts et les récompenses qui leur sont accordées. Ce tableau avait été composé pour l'impératrice, qui appréciait beaucoup les œuvres de ce grand artiste.

Tsarkocélo. — L'Impératrice Elisabeth commença les travaux de cette résidence; une partie du parc, qui est immense et le plus grand peut-être qui existe en Europe, est dessinée d'après les parcs de Le Nôtre. Ces travaux ont été exécutés par des jardiniers français sous le règne de Catherine II, qui termina l'œuvre d'Elisabeth.

J.-C. DE MAILLY était peintre en émail de l'impératrice de Russie. Nous extrayons des Mémoires de Bachaumont | la note suivante relative à une écritoire célèbre que fit de Mailly.

«On se porte en foule pour aller voir chez M. de Mailly, peintre en émail, une écritoire exécutée par cet artiste, ordonnée par l'impératrice des Russies: c'est un présent que cette souveraine fait à l'ordre de Saint-Georges, et il doit être placé dans la salle de ses assemblées. Comme tout ce qui a rapport à Catherine semble devoir porter l'empreinte de son génie et de sa magnificence, M. de Mailly s'est évertué à donner un air de monument à ce colifichet.

«Il a imaginé de faire représenter à l'ensemble un parc d'artillerie, sur lequel des petits génies militaires s'amusent à divers exercices. Il a ainsi placé ingénieusement les ustensiles nécessaires à l'usage auquel cet ouvrage est principalement destiné. Les uns de ces génies, sur le premier plan, sont groupés de droite et de gauche avec deux mortiers, dont le premier, incliné, est le poudrier, et le second, perpendiculaire, l'encrier. On voit entre deux étendues sur la place, des armures recouvertes d'un tapis sur lequel est peint l'embrasement de la flotte turque par la flotte russe. Ce tapis sert de fermeture à une boîte entamée dans l'épaisseur du plan, destinée à contenir plumes, canif, grattoir, etc.

«Sur le second sont des groupes d'autres enfants cherchant à dresser des canons sans affût sur leurs culasses, qui servent de flambeaux.

«Sur le devant du plateau s'avance une partie circulaire au centre de laquelle est un trépied ou autel antique érigé en l'honneur de la divinité tutélaire de l'empire: il sert à placer l'éponge pour essuyer les plumes. Dans l'un des tiroirs est une pièce détachée; c'est un mât brisé auquel est attaché le reste d'une voile en partie brûlée; elle sert de garde vue.

«Dans l'enfoncement du centre est une pendule portée sur un piédestal; elle est ornée de différents attributs entre lesquels se trouve la trompette de la Renommée. Le bout de l'aile de cette trompette sert d'index aux heures et aux minutes, qui sont marquées sur deux cercles tournants qui traversent le globe. Le tout est surmonté du portrait de l'Impératrice en médaillon.»

JOSEPH VERNET (né en 1712, mort en 1789), a fait en 1785, pour le grand-duc de Russie, une Marine avec une tempête et naufrage d'un vaisseau (quatorze pieds de long sur huit de haut).

AUGUSTIN PAJOU (né en 1730, mort en 1809). Ce grand sculpteur a exposé en 1789 un projet de tombeau pour le comte et la comtesse Chérémétof. Je n'ai pu savoir si ce projet a été exécuté.

GABRIEL-FRANÇOIS DOYEN (né en 1726, mort en 1806 à Saint-Pétersbourg). — Doyen, sollicité depuis long-temps de passer en Russie, s'y rendit en 1790. Il fut nommé professeur à l'Académie de Peinture de Saint-Pétersbourg, et forma un assez bon nombre d'élèves pendant les seize ans de son séjour en Russie. Doyen fut chargé de nombreux travaux; entre autres, on cite le plafond de la grande salle dite de Saint-Georges; il a peint aussi celui de la chambre à coucher de l'empereur Paul Ier , celui de la bibliothèque de l'Ermitage, le plafond d'une galerie à Pawlawski.

Madame LEBRUN (née en 1755, morte en 1842) résida à Saint-Pétersbourg de 1795 à 1801; elle y fit quarante-sept portraits dont elle-même a donné la liste dans ses Mémoires .

Madame Demidoff, née Strogonoff; — la princesse Menzicoff; — la comtesse Potoçka; — la comtesse Schouvaloff; — les deux grandes duchesses Hélène et Alexandrine; — la grande duchesse Elisabeth; — la grande duchesse Anne; — la comtesse de Scawronski; — la comtesse de Strogonoff; — la comtesse Sammacloff; — la comtesse Apraxine; — la princesse Isoupoff et sa fille; — la comtesse Worandsoff; — la comtesse Golowin; — la comtesse Tolstoy; — le prince et la princesse Alexis Kourakin; — deux grands bustes du roi de Pologne; — sa petite-nièce; — la princesse Michel Gallitzin; — le comte et la comtesse Dietricten;

— la princesse Bauris Gallitzin; — la princesse Supia; — madame Koutousolf; — le baron de Strogonoff; — mademoiselle Kasiski; — la princesse Alexandre Gallitzin; — madame Kalitcheff; — le comte Potocki; — le comte Litta; — la princesse Viaminski; — le prince Bariatinski; — le prince Alexandre Kourakin; — madame Lebrun, pour l'Académie de Saint-Pétersbourg, dont elle était membre; — l'empereur Alexandre (terminé à Dresde).

En 1779, madame Lebrun avait fait à Paris un grand portrait de Marie-Antoinette pour l'impératrice de Russie.

JACQUES-FRANÇOIS-JOSEPH SUEBACH (né en 1769, mort en 1823), peintre sur porcelaine, fut directeur de la manufacture impériale de porcelaine sous Paul Ier et Alexandre.

FRANÇOIS-ADRIEN BOÏELDIEU fut appelé en Russie en 1803 par l'empereur Alexandre, qui le nomma maître de sa chapelle. A l'arrivée de Boïeldieu, on exécuta à l'Ermitage, devant toute la cour, le Calife de Bagdad; cette délicieuse musique produisit un enthousiasme considérable qui augmenta la magnificence de la réception que l'on fit à Boïeldieu. Il resta en Russie jusqu'en 1811. Pendant ce temps, Boïeldieu composa pour le théâtre de la cour plusieurs opéras qui presque tous ont été joués depuis à Paris, savoir: Aline reine de Golconde, Abderkan, Calypso, les Voitures versées, la jeune Femme colère, les deux Paravents, un Tour de Soubrette, la Dame invisible, Amour et Mystère. Ce fut en Russie que Boïeldieu composa la musique des chœurs d'Athalie. Il a aussi écrit un assez grand nombre de marches et de morceaux militaires pour la garde impériale russe.

ISABEY a fait, à Vienne et à Paris, les portraits d'Alexandre et de l'impératrice, des grands-ducs Constantin, Nicolas et Michel, du prince et de la princesse Volkonski, de la princesse Bagration, de la grande-duchesse d'Oldembourg, de la duchesse de Weimar, du comte Nesselrode.

DAVID a exécuté pour le prince Yousoupof un tableau représentant Sapho et Phaon, figures grandes comme nature. Ce tableau est maintenant en Russie.

GÉRARD a fait, en 1810 et en 1814, trois portraits d'Alexandre I.er, et en 1824 le portrait de Charles-André, comte Pozzo di Borgo.

Louis CHORIS et AKIMOFF. Louis Choris, né en 1795, fut en 1819 élève de Gérard. Ce peintre, qui avait voyagé avec Kotzebue, travailla dans l'atelier de Gérard pour publier les vues de ses voyages; en 1820 il fit paraître à Paris Le Voyage pittoresque autour du Monde, in-folio. — Akimoff, mort en 1814, fut un peintre assez distingué qui était venu se perfectionner à Paris.

RIESENER, peintre de portraits résida en Russie pendant le règne d'Alexandre.

JEAN-ANTOINE PINCHON fut peintre de portraits de l'Impératrice jusqu'en 1808.

MADAME JAQUOTOT, habile artiste de la manufacture de Sèvres, avait peint le service de dessert donné à Alexandre par Napoléon, à Tilsit en 1807.

ARMAND CARAFFE (mort en 1814), élève de Lagrenée, se rendit en Russie vers 1801 et revint à Paris en 1812. Caraffe était un artiste de mérite et homme d'esprit, mais d'une faible santé, auquel le climat de Saint-Pétersbourg ne convenait pas. Il a laissé peu d'œuvres susceptibles de faire honneur à notre école..

THOMAS dit THOMAS DE THOMON (né à Paris en 1756, mort à Saint-Pétersbourg en 1814). Thomon, dessinateur très habile et de très bon goût, fut architecte de l'empereur Alexandre; il a construit à Saint-Pétersbourg plusieurs hôtels, le vaste édifice de la Bourse (avant 1808) et la belle place que ce monument domine; il fit la première restauration du grand théâtre qui fut incendié en 1810. Les monuments élevés par cet artiste sont fort beaux.

MAUDUIT, architecte, se rendit à Saint-Pétersbourg en 1808; il voyagea en Grèce et en Italie pendant les années 1811, 12 et 13 et rentra à Saint-Pétersbourg en 1814. En 1817, Mauduit restaura le grand théâtre brûlé en 1810 ; sa décoration n'existe plus. Mauduit a été l'un des fondateurs du comité des constructions de la ville de Saint-Pétersbourg, absolument semblable à notre conseil des bâtiments civils.

AUGUSTE RICARD DE MONTFERRAND (né à Paris vers 1785, arrivé en Russie en 1816). Cet architecte a construit à Saint-Pétersbourg, l'ancienne maison Labanoff, sur la place Saint-Isaac, quelques hôtels, entre autres l'hôtel Demidoff. Il a refait les intérieurs du palais d'hiver incendié dans l'hiver de 1837-38. Il a construit l'église de Saint-Isaac, qui est son œuvre principale, et élevé la colonne Alexandrine. C'est lui qui a relevé la fameuse cloche de Moscou.

LOUIS-AMBROISE DUBUT (né en 1769, élève de Ledoux; — 1.er grand prix en 1797). — Dubut est allé en Russie après 1814. Il a construit à Moscou deux grands édifices; mais il fut employé particulièrement aux colonies militaires pendant les règnes d'Alexandre et de Nicolas.

JACOT (né à Paris en 1798, élève de l'Ecole des Beaux-Arts) a résidé en Russie de 1822 à 1840. Il a été architecte de l'Empereur et professeur d'architecture au corps des Voies de communication. Il a construit à l'Institut des Voies de communication la chapelle et les bâtiments qui en dépendent, la salle de la Noblesse, l'église hollandaise et ses dépendances, plusieurs édifices particulièrs, un cirque actuellement démoli. Tous ces édifices ont été faits à Saint-Pétersbourg.

FRANÇOIS SCHAAL, élève d'Achille Leclère, a bâti à Odessa la Quarantaine, le Lycée Richelieu, la Banque impériale et diverses maisons.

— Le Lazaret et la ville neuve de Kertch, en Crimée, ont été construits sur ses plans .

DÉSARNOD (mort à Saint-Pétersbourg en 1839). — Désarnod, soldat fait prisonnier en 1812, devint peintre du grand-duc Michel. Ce peintre de batailles avait du mérite.

DESTREM. — Destrem, Fabre, Bazenne et Potier, sont les quatre élèves de l'Ecole Polytechnique que Napoléon autorisa à prendre du service en Russie. Destrem est devenu général en chef du corps des Voies de Communication. Cet habile architecte a construit le pont de la Néva et le fort de Pierre-le-Grand à Cronstadt. Ces quatre ingénieurs ont été professeurs au corps des Voies, et en sont en réalité les fondateurs.

Divers Artistes sous Alexandre. — DE BAY (J.-B. Joseph) a fait pour la Russie deux statues en bronze représentant la Foi et l'Espérance. — RENAUD (Marie-Honoré) a peint sur émail le portrait de l'empereur pour l'impératrice. — FROSTÉ (Sébastien), né en 1794, élève de Regnault, s'est fixé en Russie depuis 1824. — PENNER, élève d'Isabey, peintre de miniatures, a fait la collection des portraits de tous les Empereurs de Russie.

PHILIPPE-HENRI LEMAIRE (né en 1798, élève de Cartellier) a séjourné en Russie de 1838 à 1842. Il avait été appelé pour faire deux frontons à l'église de Saint-Isaac. Ces deux frontons, de très grande dimension et en bronze, représentent, l'un la Résurrection du Christ , l'autre Valens arrêté par saint Isaac lorsqu'il va combattre les chrétiens .

HORACE VERNET a peint en 1836 pour l'empereur Nicolas une revue de la garde impériale par l'empereur Napoléon dans la cour des Tuileries. C'est le seul tableau qui soit dans le cabinet du Czar. «Je demande à voir la garde impériale parce qu'elle nous a battus, dit Nicolas au peintre en lui commandant le tableau.»

En 1842, H. Vernet a fait, à Saint-Pétersbourg, le portrait de l'empereur Nicolas et de sa famille. — Un carrousel du moyen-âge où sont représentés quarante couples de cavaliers armés de pied-en-cap; ce grand tableau est à Tsarkocélo.

En 1847, H. Vernet a peint, à Versailles, la bataille de Wola, qui est actuellement au palais impérial de Saint-Pétersbourg.

Les peintres russes Tim et Sahowaed sont élèves de Vernet.

PRADIER. — La Russie possède de ce brillant sculpteur: — Au palais impérial, le groupe en marbre de Vénus et l'Amour. — Au tombeau du prince Paul Demidof, un christ sur la croix, d'un seul bloc et de huit pieds. — Le tombeau en bronze de la fille de M. Laisky, à Saint-Pétersbourg (1851).

INGRES a peint pour le grand-duc Michel, en 1841, la Vierge à l'hostie.

JACQUES, sculpteur, arriva à Saint-Pétersbourg vers 1836; il a fait une statue en bronze de Pierre-le-Grand (11 pieds) qui est placée à Cronstadt. Il avait composé, en 1842, le modèle d'une belle statue de la Néva, qui a été malheureusement détruit dans l'incendie de son atelier; à la suite de cet événement, cet artiste est revenu en France.

GUDIN, peintre de marine, a fait pour l'Impératrice quatre vues du palais d'été.

ANDRÉ DURAND. Cet habile dessinateur fut chargé, en 1839, par le prince Anatole Demidoff, de faire un voyage pour dessiner les monuments de la Russie.

HECTOR HOREAU a fait, en 1842, le projet d'une chapelle au couvent de Saint-Serge, à Saint-Pétersbourg, pour la famille Kotschoubey. Ce très élégant édifice a été bâti par M. Kousmine, architecte russe.

GALBRUND, Alphonse-Louis (né en 1813), a fait en 1842, à Naples, le portrait au pastel de la princesse Gagarine et celui du fils du comte Strogonof.

P. GIRARD, peintre français fixé à Naples, a exécuté, en 1846, une suite de dessins sur la Sicile pour l'impératrice de Russie.

Artistes actuellement en Russie.

LADURNER, peintre de batailles, fixé en Russie depuis 1830. On cite de lui une très belle Revue au Champ-de-Mars. Il est actuellement directeur-général des Beaux-Arts. — TANNEUR et MOZIN, peintres de marines. — PIERRON, peintre. — VERNET, peintre de genre, en Russie depuis 1835.

CHAPITRE XII.

SUÈDE.

ÉTIENNE BONNEUIL, architecte parisien, partit de Paris en 1287, avec dix compagnons, pour aller bâtir la cathédrale d'Upsal .

SÉBASTIEN BOURDON. — Depuis Étienne Bonneuil jusqu'au règne de Christine, nous n'avons rien à mentionner. — Au XVIIe siècle, l'alliance qui se forma entre la France et la Suède pendant la guerre de Trente-Ans, établit entre les deux pays des relations assez intimes. Quelques artistes français allèrent en Suède pendant les règnes de Gustave-Adolphe et de Christine. On cite l'architecte SIMON DE LA VALLÉE , le peintre BOURDALOT, le peintre sur émail SIGNAC, et surtout SÉBASTIEN BOURDON.

Sébastien Bourdon (né en 1616, mort en 1671) fut appelé par la reine Christine en 1652. Ce grand artiste eut le titre de premier peintre de la reine. Il fit les portraits de la reine, de Gustave-Adolphe, de tous les capitaines illustres de ce temps et celui de Charles-Adolphe (Charles X). Tous ces portraits furent depuis portés à Rome et y ont été vus comme un des plus rares ornements du palais de la reine. Bourdon avait fait un grand tableau représentant Christine à cheval, lequel était destiné au roi d'Espagne; ce tableau fut perdu dans le naufrage du bâtiment qui le portait en Espagne .

Artistes français sous Charles XI et Charles XII.

Pendant le règne de ces deux princes, le sculpteur RENÉ CHAU-VEAU et ses deux fils travaillèrent aux sculptures et peintures du Palais-Royal. On cite aussi un autre sculpteur du nom de LAPORTE ; BOUCHARDON, frère d'Edme Bouchardon, mort assez jeune en Suède, où il avait été appelé pour les travaux de la cour ; le peintre HUGUES TARAVAL (mort en 1785), qui fonda une école de dessin, et fut premier peintre du roi; enfin, le peintre de portraits Louis TOCQUÉ.

Drottningholm, château royal près de Stockholm, a été construit sur le modèle de Versailles.

PIERRE-HUBERT LARCHEVÊQUE, né en 1721, mort en-1778, le 26 septembre. «Larchevêque, élève de Bou-
«chardon, agréé de l'Académie en 1755, fut un habile
«sculpteur; on a de lui la statue pédestre en bronze de
«Gustave Wasa, sur la place des Nobles, à Stockholm.
«L'exécution de ce monument est lourde; mais on ne peut
«pas faire le même reproche à sa statue équestre de Gus-
«tave-Adolphe, qui est érigée sur la grande place de l'Opé-
«ra.»

Patte fait le plus grand éloge de cette magnifique statue qui représente Gustave-Adolphe sur un cheval lancé au galop et suivi par la Victoire, également à cheval, courant pour l'atteindre et lui placer une couronne de lauriers sur la tête. — Larchevêque résida en Suède de 1760 à 1776; il y forma plusieurs élèves, entre autres le célèbre Sergel.

Artistes Français sous Gustave III.

Gustave III, grand ami des arts, employa plusieurs Français; Larchevêque, dont on vient de parler, MARSELIER et DESPREZ. En 1785, il fit faire son buste à HouDON . Marselier fut employé à diverses constructions .

DESPREZ (Jean-Louis), né en 1740, peintre et architecte, fit les plans du château de Haya, que la mort de Gustave III empêcha de construire. Cet artiste a peint plusieurs tableaux de batailles dont les sujets sont empruntés à la guerre de 1788 entre la Suède et la Russie; le plus beau de ces tableaux représente la bataille de Suensksund. Desprez a exercé beaucoup d'influence en Suède; il a formé un grand nombre d'élèves en peinture et en architecture .

CHAPITRE XIII.

SUISSE.

Nous n'avons à mentionner en Suisse que trois artistes, Antoine, David et Pradier.

ANTOINE a construit à Berne l'hôtel des Monnaies. — DAVID D'ANGERS a fait, pour Neufchatel, la statue en bronze de David Lury, bienfaiteur de Neufchatel; cette statue est sur la principale place de la ville . — PRADIER a fait, pour Genève, la statue en bronze de J.-J. Rousseau, et pour le Jardin-des-Plantes de Genève, le buste de De Candolle .

Une loi du 7 mai 1850 ayant prescrit l'établissement d'un nouveau système monétaire uniforme pour toute la Suisse, et semblable au système français, les types des nouvelles monnaies ont été, par décision du gouvernement fédéral, exécutés par MM. BORY, VOGT, de Munich, et BARRE. M. Bory, graveur suisse, mais s'étant perfectionné à Paris, a gravé les pièces d'argent; M. Vogt, celles de billon, et M. Barre, graveur-général de la Monnaie de Paris, celles de bronze.

FIN.